教师教育学科核心素养丛书

基于化学核心素养的教学设计与案例分析

主　编　张晖英　林曼斌
副主编　任乃林　李永亮

广东省重点学科科研项目（项目编号：2019-GDXK-0036）
韩山师范学院教学改革项目（项目编号：519015）

广东高等教育出版社
Guangdong Higher Education Press
·广州·

内容简介

本书共分教学设计、案例分析和班级管理三部分，主要从以下板块呈现优秀教学成果，一是专业知识点难点的破解；二是教学技能难点的破解；三是班级管理难点的破解。本书选取不同类型的知识点，以化合物知识、概念、原理等为教学内容，提供了基于培养学生核心素养的大量教学设计案例，案例中涉及的问题都是新一轮基础教育课程改革中的热点和倾向性问题以及普遍疑惑的问题，这将对新任化学教师和化学专业实习生尽快胜任教学工作有现实指导意义。同时，本书为基础教育一线化学教师及时提供当下新课改参考资料，是中学化学教师和化学专业实习生急需的指导用书，具有实用价值和充实新课改的成果。

图书在版编目（CIP）数据

基于化学核心素养的教学设计与案例分析/张晖英，林曼斌主编．—广州：广东高等教育出版社，2022.9

（教师教育学科核心素养丛书）

ISBN 978－7－5361－7277－7

Ⅰ.①基…　Ⅱ.①张…②林…　Ⅲ.①中学化学课－教学研究　Ⅳ.①G633.82

中国版本图书馆CIP数据核字（2022）第116787号

基于化学核心素养的教学设计与案例分析

JIYU HUAXUE HEXIN SUYANG DE JIAOXUE SHEJI YU ANLI FENXI

出版发行	广东高等教育出版社 社址：广州市天河区林和西横路 邮编：510500　营销电话：（020）87554153 http://www.gdgjs.com.cn
印　　刷	广东海洋印刷有限公司
开　　本	787毫米×1 092毫米　1/16
印　　张	13
字　　数	308千
版　　次	2022年9月第1版
印　　次	2022年9月第1次印刷
定　　价	42.00元

总　　序

核心素养的概念最早是由欧美一些发达国家在20世纪90年代提出来的，目的是提高各国公民的综合素养与核心竞争力。如何定义核心素养？表述不一。联合国教科文组织将学生终身学习所需要的素养称为核心素养；欧盟的《终身学习核心素养：欧洲参考框架》指出：核心素养是个体在自我实现、社会融入中所需知识、技能与态度的整合。在我国教育界，最先引发对核心素养关注的是2014年由教育部发布的《教育部关于全面深化课程改革　落实立德树人根本任务的意见》，这份文件明确提出要“研究制订学生发展核心素养体系和学业质量标准”。之后，北京师范大学牵头组织核心素养课题组，并于2016年9月13日发布中国学生发展核心素养的研究成果：以培养“全面发展的人”为核心，将核心素养分为文化基础、自主发展、社会参与三个方面，具体又细化为人文底蕴、科学精神、学会学习、健康生活、责任担当、实践创新等六大素养和国家认同等18个要点。

接下来的问题是如何培养学生的核心素养。这个任务，恐怕最终必须要落实到中小学的学科教学中。核心素养的培育，当然也可以通过家庭、社会教育的途径，但是，对于中小学生而言，他们接受教育的主要途径毕竟是学校教育，而学科教育是学校教育的基本教学形态。这样，学科核心素养的概念就被提出来了。一方面，学科核心素养是核心素养在学科中的具体化，如果没有学科教育的支撑，核心素养最终只能是空中楼阁；另一方面，每一个学科对核心素养的支撑又不可能是面面俱到的，它们有各自的学科特点和任务，它们支撑的可能是核心素养中某几个方面的要素，但是，各学科核心素养的有机结合就构成了新时代背景下学生必备的核心素养。目前，各学科的核心素养已经在教育界形成共识，并且已经被落实到新课程标准中。

对师范院校来说，当然要研究核心素养，要将学科核心素养纳入学科教学论的教学内容中。但更重要的是，我们培养的学生最终都要成为中小学某个学科的教师，他们要在教育教学中培养学生具有某学科的关键素质和能力，他们自己首先必须具有这一学科的核心素养。也可以说，具有学科核心素养，是师范生将来从事学科教育工作最基本的前提条件。甚至，我认为，各学科的师范生，应该自觉地将学科核心素养内化在自己的价值取向、思维方式、行为方式、情感态度之中，彰显自己作为某学科教师的独特标识。这样，对学生而言，他们不仅从教学中，而且从教师的身上，感受到具有鲜明学科特征的素养与品格。一个语文教师和一个数学教师，他们的行为方式、情感态度和气质，应该是不一样的。一个数学教师，应该是一丝不苟的、严谨的；一个语文教师，应该具有一点诗性气质。所以，对师范院校来说，如何培养学生的学科核心素养是一个事关人才培养的重要问题。这套丛书的编写，凝聚了我们对这个问题的思考和探索的成果。丛书没有统一的体例，有理论的阐述，亦有实践的案例，但是必须解决两个问题：其一，如何解读学科核心素养？其二，如何培养师范生的学科核心素养？从形成的书稿来看，水平有高低，体例各不同，但是大都涉及了这两个问题。我们的初衷是把这套丛书作为大学教师、师范生的教学参考书和读物。相信丛书的出版，对于提升师范专业人才培养质量，是有所借鉴和帮助的。

近年，广东提出了“新师范”的概念，也出台了《广东“新师范”建设实施方案》，这个概念的提出和若干措施的推动，不仅对广东，而且对全国教师教育改革都起到了较大的推动作用。当然，“新师范”究竟新在哪里？还有较大的阐释和讨论空间。我以为，“新师范”的“新”，应该包括党和国家对新时代教师所提出的新要求，也应该包括基础教育改革对教师素质和能力的新要求，而学科核心素养，无疑应该包含在这个新要求中。从这个角度看，这套丛书的编写和出版，也是对广东的“新师范”建设做出的一个微小的贡献。

黄景忠

2020 年 12 月

前　言

教育部2011年颁布的《义务教育化学课程标准》促进了化学教师教育观念的更新，随着21世纪中国基础教育课程改革不断推进，化学新课程改革结出了丰硕的果实。面对新时代对提高全体国民素质和人才培养质量的新要求，2017年教育部修订了《普通高中化学课程标准（2017年版）》（以下简称新课标）。新课标中凝练了学科核心素养，选取体现时代性和基础性的化学内容，要求立足于学生，开展以素养为本的教学，进行实际问题的创设，倡导以教学评为一体的教学评价模式，以促进每个学生的化学学科核心素养发展，发挥育人的功能。近年来，研究基础教育的化学学者以及专家们开始关注明晰化学学科核心素养概念和如何构建化学学科核心素养这一体系，深入思考如何将理论与实践相结合。2020年，中共中央、国务院印发了《深化新时代教育评价改革总体方案》，系统推进教育评价改革，发展素质教育，坚持把立德树人成效作为根本标准，进一步明确基础教育主要评价学生全面发展的指导思想。

为建立核心素养与课程教学的内在联系，充分挖掘化学学科课程教学对全面贯彻党的教育方针、落实立德树人的根本任务、发展素质教育的独特育人价值，基于化学学科本质凝练的核心素养，明确学生学习化学课程后应达成的正确价值观念、必备品格和关键能力，对知识与技能、过程与方法、情感态度与价值观三维目标进行整合和提升，我们编写了本书。本书通过教学设计体现核心素养与课程教学的内在联系，从学生终身发展的视角挖掘、提炼教材中对学生而言具有持久价值的学习目标，即从“宏观辨识与微观探析”“变化观念与平衡思想”“证据推理与模型认知”“科学探究与创新意识”“科学精神与社会责任”五个核心素养角度设定教学目标，在教学中实现化学核心素养的培养。

本书共分教学设计、案例分析和班级管理三部分内容，主要收集了在教学和班级管理过程中实践成功的创新点和困惑破解点。主要从以下板块呈现优秀教学成果，一是专业知识点难点的破解，二是教学技能难点的破解，三是班级管理难点的破解。选取化合物知识、概念、原理等不同类型的知识点作为教学内容，提供了大量基于培养学生核心素养的教学设计案例，案例中涉及的都是新一轮基础教育课程改革（以下称“新课改”）中的热点问题，这将对新任化学教师和化学专业实习生尽快胜任教学工作具有现实指导意义。本书可为基础教育一线化学教师及时提供当下新课改参考资料，是中学化学教师和化学专业实习生急需的指导丛书，具有一定的实用价值。

本书主编为张晖英（韩山师范学院），副主编为任乃林（韩山师范学院）、林曼斌（韩山师范学院）、李永亮（蓝田中学）。本书的编写得到韩山师范学院化学专业师生和揭阳市揭东区蓝田中学化学科组的大力支持，在此一并致谢！

本书的编写过程是笔者不断学习、不断探索、不断实践的过程，而教学过程是不断变化的，故本书难免存在不足之处，敬请广大读者批评指正。

编　者

2022 年 6 月

目　录

第一部分　教学设计

第二部分　案例分析

第三部分　班级管理

第一部分　教学设计

1.1　化合物知识类

基于化学学科核心素养的“$FeCl_3$溶液的相关变色反应”的教学设计

韩山师范学院化学与环境工程学院　陈炜棋

摘要： 本文以$FeCl_3$溶液的相关变色反应为例，通过魔术的形式，引导学生从阴阳离子反应产生有色沉淀、过渡元素离子配位形成有色络合物以及利用离子的氧化性/还原性直接或间接生成有色物质这三方面，归纳总结出一种离子鉴定的模型。指导学生学会用思维导图将分散的知识点整理串联起来，形成知识网络；利用“现象/证据—原理—反应模型”路线，培养学生的“宏观辨识与微观探析”“证据推理与模型认知”的化学核心素养。

关键词： 氯化铁；变色反应；化学核心素养

一、教学背景

1．学生情况分析

对于普通准高考生，基本课程要求的化学知识已经学习完，在复习阶段，为了不让已学知识遗忘过快，只能不断刷题巩固记忆，导致越临近高考越紧张、越有疲惫感。因此我们设置了本节课，在教学过程中通过“彩虹茶”的小魔术以轻松欢快的氛围带领学生巩固和回忆所学知识，减轻学生对学习的疲惫感。

在此阶段，一般普通准高考生已具备一定的实验观察能力，对实验现象可以用语言较准确地表达出来，但分析能力和逻辑思维能力依然较弱，需要适当提示。

2．教材分析

地位：本节课是一节基于人教版化学教材知识与新课标要求的趣味化学巩固课。

作用：本节课主要内容是$FeCl_3$溶液与KSCN溶液、淀粉碘化钾溶液、氢氧化钠溶液、硝酸银溶液、苯酚溶液发生有颜色变化的化学反应。其中涉及了离子检验、氧化还原反应、苯酚的显色反应等已学知识。学生已学习过$FeCl_3$溶液的颜色、苯酚的显色反应等知识，具有一定的知识基础。本节课可用于课前10分钟，提高学生对化学的兴趣，在紧张的高考备考氛围中有一定的放松减压作用。

3. 新课标对本节课的要求

本节课虽简单，但涉及面较广，相关知识较多，参照新课标，本节课涉及的必考部分内容包括：

（1）化学学科特点和基本研究方法。根据已有知识，对把棕黄色“茶水”倒进不同茶杯后溶液呈现出不同颜色，最后混合在一起却变为无色的化学现象进行科学探究。

（2）化学基本概念和基本理论。壶中的“茶水”（$FeCl_3$溶液）是一种电解质溶液，涉及离子反应产生沉淀，以及Fe^{3+}与KSCN溶液形成血红色络合物的相关知识。

（3）常见无机物及其应用。金属元素Fe与非金属元素Cl组成的重要化合物之一——$FeCl_3$，与淀粉—碘化钾发生氧化还原反应，其溶液的颜色性质，以此比较Fe^{3+}与I^-的氧化性还原性强弱。

（4）常见有机物及其应用。苯酚与$FeCl_3$会发生显色反应，溶液呈紫色。

（5）化学实验。本节课含有较多常见物质的检验方法。如用$FeCl_3$检验酚羟基、用KSCN检验Fe^{3+}、用酸性Ag^+溶液检验Cl^-等。

二、基于化学核心素养的教学目标确立

（1）以$FeCl_3$的相关变色反应为例，回顾从阴阳离子反应产生有色沉淀、过渡元素离子配位形成有色络合物，以及利用离子的氧化性/还原性直接或间接生成有色物质等知识，培养学生“宏观辨识与微观探析”“证据推理与模型认知”的化学核心素养。

（2）通过魔术“彩虹茶”导入课程，趣味性十足，巧妙设计教学素材，利用常见“饮料”的颜色刺激视觉，联同脑海想象出的味觉向学生传递信息并加深对该知识点的印象，达到巩固知识的目的，最后通过“饮料”变为无色澄清“水”升华课程，将化学学科之美发挥得淋漓尽致。

三、教学过程

教学过程设计如表1－1－1所示。

表1－1－1 教学过程设计

教学环节与教学内容	教师活动	学生活动	设计意图
【情景导入】	表演魔术：请大家“喝茶”。 若不喜欢喝茶，来杯“饮料”怎么样？ 操作：将“茶水”倒入“空”杯中变出“果粒橙”和“牛奶”	观看魔术	通过演示魔术激发学生的好奇心和求知欲

续上表

<table>
<tr><th>教学环节与教学内容</th><th>教师活动</th><th>学生活动</th><th>设计意图</th></tr>
<tr><td rowspan="2">【推理探究】</td><td>提问一：魔术中所用的“茶水”是浅棕黄色的，请同学们回忆，以前学过的什么溶液颜色为棕黄色的呢？</td><td>思考并回答：所用的“茶水”可能为氯化铁溶液</td><td>激发学生探究的热情，学会运用所学知识解决问题</td></tr>
<tr><td>提问二：$FeCl_3$在水中完全电离成Fe^{3+}和Cl^-，已知“果粒橙”中事先滴加了$pH=14$的溶液，“牛奶”中则出现了强酸都不能溶解的白色沉淀，请推断：这两杯液体中发生了什么反应？杯子里事先滴了什么溶液？
根据学生回答列表：
<table>
<tr><td>现象</td><td>“果粒橙”——红褐色沉淀</td><td>“牛奶”——乳白色浑浊</td></tr>
<tr><td>原理</td><td>Fe^{3+} + ? ⟶ $Fe(OH)_3\downarrow$</td><td>Cl^- + ? ⟶ $AgCl\downarrow$</td></tr>
</table></td><td>限时讨论结束后，学生代表发表猜测并说明猜测原因。
回答：“果粒橙”中出现红褐色浑浊，可能生成了氢氧化铁沉淀；
“牛奶”中是白色浑浊物，可能产生了氯化银。
“空”杯子里可能分别有含OH^-的溶液和Ag^+的溶液</td><td>充分发挥学生的主体作用，锻炼其合作探讨的能力</td></tr>
<tr><td>【小结模型一】</td><td>引导学生总结，上述有色沉淀反应如下：
离子鉴定模型一：沉淀反应
<table>
<tr><td>现象</td><td>“果粒橙”——红褐色沉淀</td><td>“牛奶”——乳白色浑浊</td></tr>
<tr><td>原理</td><td>$Fe^{3+}+OH^-$——$Fe(OH)_3\downarrow$</td><td>Cl^-+Ag^+——$AgCl\downarrow$</td></tr>
</table>
从Fe^{3+}、Cl^-与其他离子生成沉淀的反应，延伸出阴阳离子反应生成沉淀的这一类离子反应模型</td><td>思考，总结</td><td>利用“现象/证据—原理—反应模型”路线，培养学生“宏观辨识与微观探析”“证据推理与模型认知”的化学核心素养</td></tr>
</table>

续上表

<table>
<tr><th>教学环节与教学内容</th><th>教师活动</th><th>学生活动</th><th>设计意图</th></tr>
<tr><td>【知识进阶】</td><td>展示魔术："喝"完两杯带沉淀的"饮料"，再来调制两杯澄清的——红色"酸梅汁"和紫色"葡萄汁"：
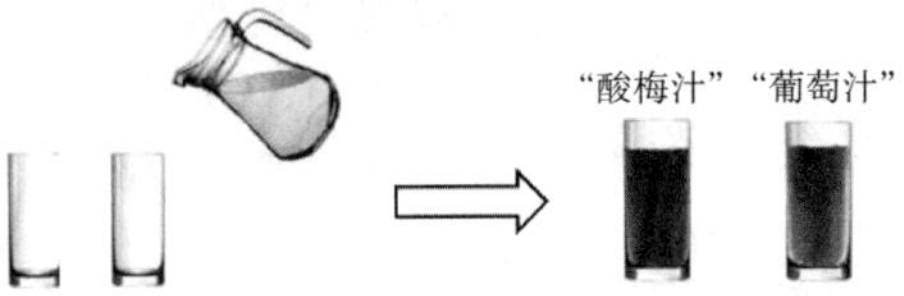

提问：回忆 Fe^{3+} 与哪些物质反应能够生成有色的络合物？杯子里事先滴了什么溶液？</td><td>通过观看魔术，回忆出现该颜色变化的实验。
回答：已学过的络合反应有：Fe^{3+} 与硫氰化钾的反应、Fe^{3+} 与苯酚的反应。
所以"空"杯子事先分别滴有少量硫氰化钾和苯酚溶液</td><td></td></tr>
<tr><td>【小结模型二】</td><td>相关有色络合反应：
离子鉴定模型二：结合反应
<table><tr><td>现象</td><td>"酸梅汁"—红色溶液</td><td>"葡萄汁"—紫色溶液</td></tr><tr><td>原理</td><td>$Fe^{3+}+SCN^{-}$—$Fe(SCN)_3$</td><td>$Fe^{3+}+C_6H_5OH$—紫色络合物</td></tr></table>从 Fe^{3+} 与某些物质反应生成有色络合物，延伸出过渡金属离子的络合反应模型。
引导学生总结：氯化铁的相关有色络合反应——过渡元素离子的络合反应</td><td>思考，总结</td><td>利用"现象/证据—原理—反应模型"路线，培养学生"宏观辨识与微观探析""证据推理与模型认知"的化学核心素养</td></tr>
</table>

续上表

<table>
<tr><th>教学环节与教学内容</th><th>教师活动</th><th>学生活动</th><th>设计意图</th></tr>
<tr>
<td>【再次进阶】</td>
<td>
展示魔术：最后来一杯“升级版”的饮料——“蓝莓汁”：
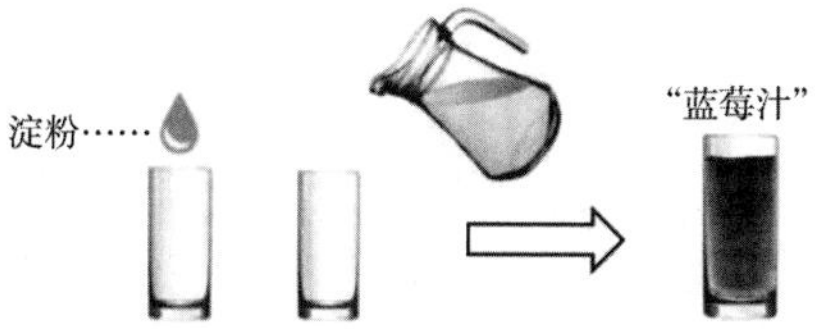

提示：
1. 与前面调制的“果粒橙”“牛奶”“酸梅汁”“葡萄汁”不一样，这杯“蓝莓汁”涉及化合价的变化，注意 Fe^{3+} 处于最高价态，具有什么性质？
2. 事先在杯底加入了两种无色溶液，已知其中一种为淀粉溶液。
3. 该反应是间接变色，已知碘能使淀粉溶液变蓝，Fe^{3+} 与什么物质发生氧化还原反应后会有碘单质产生？
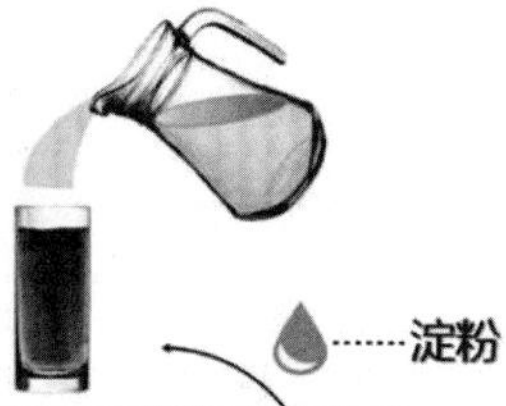

<table>
<tr><td>现象</td><td>“蓝莓汁”——蓝色溶液</td></tr>
<tr><td>原理</td><td>Fe^{3+} + ? ⟶ Fe^{2+} + I_2</td></tr>
</table>
</td>
<td>观察、思考并回答：Fe^{3+} 与 I^- 发生氧化还原反应后会有碘单质产生，所以整个过程是利用 Fe^{3+} 的氧化性，使 I^- 氧化成碘单质，碘使淀粉溶液变蓝，因此杯中应该事先加入了含有 I^- 的溶液</td>
<td>利用提示，一步步启发学生思考</td>
</tr>
</table>

续上表

<table>
<tr><th>教学环节与教学内容</th><th>教师活动</th><th>学生活动</th><th>设计意图</th></tr>
<tr><td>【小结模型三】</td><td>引导学生总结：三价铁离子的氧化性——离子的氧化性/还原性
间接变色：
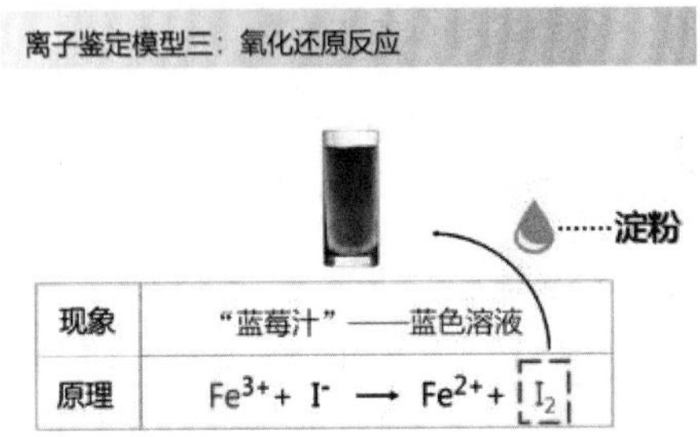

直接氧化/还原后变色，如：
$Fe^{3+} + Fe \longrightarrow Fe^{2+}$
$Fe^{3+} + Fe \longrightarrow Fe^{2+} + Cu^{2+}$</td><td></td><td>利用“现象/证据—原理—反应模型”路线，培养学生“宏观辨识与微观探析”“证据推理与模型认知”的化学核心素养</td></tr>
<tr><td>【课堂总结】</td><td>师生共同总结：
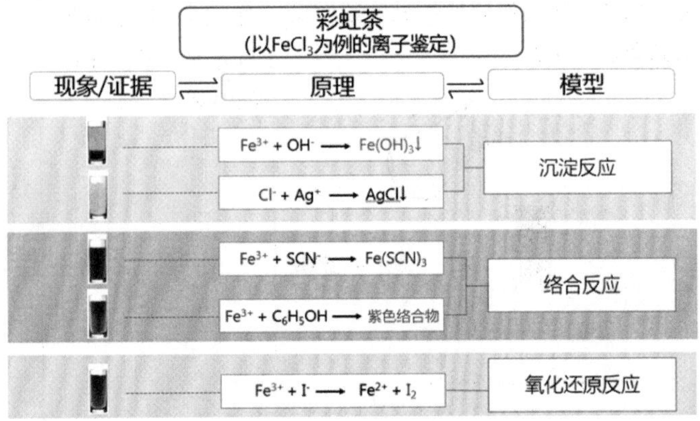
</td><td></td><td>培养学生运用思维导图的总结归纳能力</td></tr>
</table>

续上表

教学环节与教学内容	教师活动	学生活动	设计意图
【课程升华】	操作：将五杯“彩虹茶”混合，倒入一个“空”杯中，居然变成一杯无色澄清的“水”。 提问：这是什么原理呢？  混合前  混合后	思考	培养学生的发散思维能力，提高其对化学学科的探究兴趣

四、教学反思

本节课利用课前6分钟以演示魔术导入，利用魔术和色彩的视觉冲击提高学生的学习兴趣，调节枯燥的学习氛围，实现高效复习并缓解备考压力。以“氯化铁的相关变色反应”为例，让学生学会用思维导图将分散的知识点整理串联起来，形成知识网络；通过宏观的现象推断微观原理的方式，培养学生“宏观辨识与微观探析”的化学核心素养；利用“现象/证据—原理—反应模型”路线，培养学生“证据推理与模型认知”的化学核心素养。

基于化学学科核心素养的“铵盐—受热易分解”的教学设计

韩山师范学院化学与环境工程学院　　黄锦萍

摘要：本文以“铵盐三兄弟”故事创设教学情境，探索在高中化学课堂中如何从实验探究与创新意识、科学精神与社会责任、宏观辨识与微观探析的维度构建学生的科学本质观，发展学生的化学学科核心素养。

关键词： 学科核心素养；分解反应；铵盐

全面深化课程改革把学生发展核心素养作为素质教育再出发的起点。在此背景下，各学科应以学科核心素养为纲，将学科核心素养落实到课程和教学中，通过教学使学生成为更为健全的个体，更好地适应未来社会的发展变化，并为社会健全和良好的发展做出贡献。

普通高中化学学科核心素养包括“宏观辨识与微观探析”“变化观念与平衡思想”“证据推理与模型认知”“科学精神与社会责任”“科学探究与创新意识”五个维度或方面的素养。在此核心素养的导向下，笔者对“铵盐—受热易分解”的教学设计进行重构，旨在培育学生实验探究与创新意识、科学精神与社会责任、宏观辨识与微观探析的化学学科核心素养。

一、教学背景

“铵盐—受热易分解”是人教版高中化学必修一第四章第四节的内容。继“氨的性质”的内容之后的升华，属于教学难点。此时，学生已学习了近三个月的高一化学，对实验的基本仪器以及操作已有一定的基础，为本堂课的微型实验设计奠定了良好的基础。在心理方面，高一学生思维活跃，动手欲望强，有一定的抽象能力，因此本堂课采取以实验为主、问题驱动的形式教学。在铵盐的知识储备方面，学生在初中的时候就已接触化肥的知识，但是并没有学习其相关的性质，因此对铵盐的化学性质——受热易分解是陌生的。

二、基于化学核心素养的教学目标确立

（1）通过微型实验探究氯化铵受热分解的原理，培养学生的实验探究与创新意识的化学核心素养。

（2）通过铵盐可作为膨松剂、化肥等应用，培养学生的科学精神与社会责任的化学核心素养。

（3）通过价态变化分析硝酸铵受热产生不同气体的原因，培养学生的宏观辨识与微观探析的化学核心素养。

三、教学过程

教学过程设计如表 1 –1 –2 所示。

表 1－1－2　教学过程设计

<table>
<tr><th colspan="2">教学环节和
教学内容</th><th>教师活动</th><th>学生活动</th><th>设计意图</th></tr>
<tr><td colspan="2">【创设情境，引入新课】</td><td>向学生分发饼干，让学生找出饼干外包装注明的膨松剂。
提问：为什么碳酸氢铵可以做膨松剂呢？
过渡：我们先来听一个故事。碳酸氢铵、氯化铵、硝酸铵三兄弟争当大哥，他们都觉得自己受热分解的能力最强，于是各自施展自己的本领</td><td>查看饼干外包装，找出膨松剂。
思考</td><td>通过日常食品引入新课，让学生感知生活中的化学知识，创设生动有趣的故事情境，激发学生学习化学的兴趣</td></tr>
<tr><td rowspan="2">【微型实验探究】</td><td rowspan="2">【探究一】碳酸氢铵分解反应
实验现象：湿润的红色石蕊试纸变蓝</td><td>打开盛有碳酸氢铵的试剂瓶。
提问：猜测产生的气体是什么？是否能够运用给予的实验器材及试剂来检测碳酸氢铵的分解产物？</td><td>观察，思考</td><td rowspan="2">在问题的驱动下，学生自主设计实验并完成实验，了解碳酸氢铵在常温下就会分解，产物可用湿润的红色石蕊试纸来检验</td></tr>
<tr><td>过渡：氨气是中学阶段学习的唯一的碱性气体。
操作：从碳酸氢铵试剂瓶中取少量碳酸氢铵于烧杯中，用湿润的红色石蕊试纸检验产生的气体</td><td>观察试纸的颜色变化</td></tr>
<tr><td>【微型实验探究】</td><td>【探究二】氯化铵受热易分解
实验现象：润湿的红色石蕊试纸变蓝</td><td>打开氯化铵试剂瓶，闻其气味。
提问：为什么氯化铵不像碳酸氢铵一样有气味呢？是不会分解吗？如果加热，情况会如何呢？
引导学生去除杂质并完成验证氨气的实验方案</td><td>根据实验装置图安装实验装置，点燃酒精灯，观察实验现象
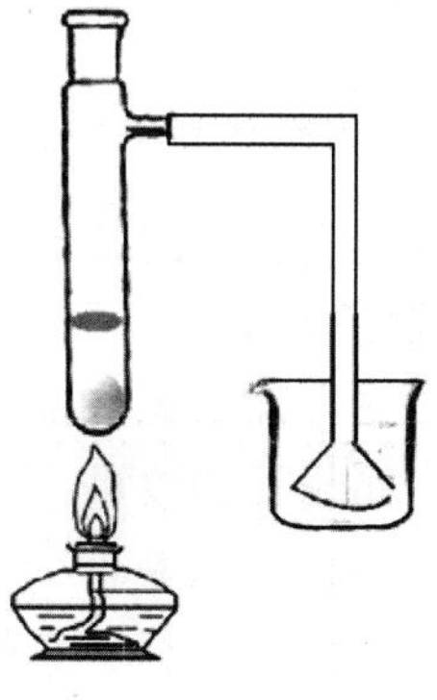</td><td>通过微型实验装置的设计过程，使学生了解氯化铵受热易分解的原理，知道氯化铵受热易分解的形式及方程式，强化实验探究与创新意识的化学核心素养</td></tr>
</table>

续上表

教学环节和教学内容		教师活动	学生活动	设计意图
【微型实验探究】	【探究三】硝酸铵在不同条件下的分解情况	展示硝酸铵在不同温度下分解的情况，从价态的变化上引导并解释硝酸铵产生氨气以及其他气体的原因。同时扩展铵盐在生活中的运用	认真听讲	（1）从微观层面解释硝酸铵产物的多样性，构建宏观辨识与微观探析的核心素养。 （2）通过铵盐生活的运用，强化科学精神与社会责任的化学核心素养
【知识归纳，课堂小结】		板书：铵盐受热易分解可分为两大类：非氧化性酸形成的铵盐及氧化性酸形成的铵盐		运用表格的形式小结本节课的主要内容，帮助学生形成知识网络。回到课前问题，使课堂更加完整，并将所学化学知识运用到生活中
		提问：碳酸氢钠为什么可以做膨松剂呢？	回答：碳酸氢钠受热易分解	
【应用提升】		总结：性质决定用途、检验和制备等。 思考：设计实验方案，检验氯化铵受热分解后的产物	设计实验方案	培养学生的发散思维及创造性思维

四、教学反思

本节课的设计主要有以下的特点：

（1）精心设计创新实验。

教材中的实验太过片面，无法探究铵盐的分解原理，因此，本节课在坚持科学性的条件下对实验进行了设计和改进，可以培养学生的创新精神和发散思维，加强学生对化学知识的理解、掌握，以及帮助学生在学习过程中树立相应的绿色化学的思想。实验操作也比较简单方便，有利于实验演示或者学生动手实验。这样的实验能极大地吸引学生的注意力，调动学生的积极性。

（2）以生活常见物品引入。

教材中运用铵盐作为化肥引入新课，引用生活中的例子是不错的，但是化肥离学生的生活有点远，这样吸引学生注意力的强度尚不足够。因此，本节课以学生经常会吃到的饼干引入，这样不仅可以吸引学生的注意力，也可以将饼干作为奖励送给学生，加强师生关系，良好的师生关系也有利于提高学生学习化学的兴趣。

（3）精心设计故事情境。

本节课运用三种不同类型的铵盐受热分解的情况不一样的性质，将这三种铵盐赋予生命力，使得课堂气氛活跃生动，加上在演示实验与操作实验多重感官作用下，有利于学生对铵盐受热易分解的性质的学习。

基于化学学科核心素养的“硫的氧化物”的教学设计

韩山师范学院化学与环境工程学院　黄佩璇

摘要：为了使化学学科核心素养真正有效落实到中学课堂教学，本文将环保问题引导学生和生产生活实际贯穿于硫的氧化物的教学，在教学中应用科学探究、猜想论证的方法，引导学生从宏观与微观相结合的视角分析与解决问题，充分体现了化学学科核心素养。

关键词：化学核心素养；硫的氧化物；实验探究

一、教学背景

传统的教学模式一般是片面强调分数，教师只注重把课本上的知识传递给学生。课堂上，教师上演“独角戏”，没有发挥出学生的主体性，忽略了学生其他方面的发展。在此学情下，学科核心素养的提出给了广大教育工作者一个正确的引导。本文依照《普通高中化学课程标准（2017 年版）》的指导，将化学学科素养与化学教学紧密联系起来，以达到学科的育人价值。

二、基于化学核心素养的教学目标确立

（1）通过环境问题和生产生活事例引出本节内容的重点，即二氧化硫的教学，使学生参与到有关化学问题的社会实践活动中，培养“科学态度与社会责任”的学科素养。

（2）通过课前调查、收集材料和信息，课堂上进行实验探究的方法，不仅让学生认识二氧化硫的性质，也提高学生敢于实践、敢于创新的精神，培养学生“科学探究与创新精神”的核心素养。

（3）通过阅读材料猜想二氧化硫的性质，采用实验来验证，培养学生“证据推理与模型认知”的核心素养。

（4）从实验和化合价的角度，学习二氧化硫的氧化性和还原性，培养“宏观辨识与微观探析”的核心素养。

（5）通过动画和讲解，使学生初步认识可逆反应，培养学生“变化观念和平衡思想”的核心素养。

三、教学过程

教学过程设计如表 1－1－3 所示。

表 1－1－3　教学过程设计

教学环节与教学内容	教师活动	学生活动	设计意图
【布置小组任务，导入新课】	课前准备：授课前三天，把全班同学分成三组，分配好各组的探究任务。 第一组——历史今看：1952 年英国伦敦发生严重空气烟雾污染事件，导致多人伤亡，请查阅有关资料，找出该事件的罪魁祸首。 第二组——美酒天下：你注意过葡萄酒瓶上的标签吗？葡萄酒的成分有哪些？请收集葡萄酒瓶的标签，并查阅有关资料。 第三组——新闻链接：“厨大妈”白冰糖被曝二氧化硫超标，请查阅该新闻的相关资料以及二氧化硫超标对人体的危害，并寻找你周围用二氧化硫漂白过的食物	分组查阅有关资料，并相互交流	通过预先布置学生查阅、筛选、整理与二氧化硫有关的资料，充分发挥学生学习的主动性，让学生乐于就化学有关问题进行交流和做出判断，并能以开放的态度对待他人意见
	投影有关伦敦环境的图片。 讲述：今天的伦敦是一个美不胜收的大都市，但是半世纪前的伦敦却被称为“雾都”，曾经历过一场令人发指的环境灾难。请第一组的同学带我们一起回顾这场灾难	第一组同学派代表做汇报（播放 1952 年英国伦敦空气烟雾污染事件纪录片，投影幻灯片，阐明引起该事件的主要原因）	
	总结：从第一组同学的汇报中，我们知道该事件的罪魁祸首是家庭和工业燃煤排放出的二氧化硫气体，那么今天我们主要就来认识一下二氧化硫	认真听讲	

续上表

教学环节与教学内容	教师活动	学生活动	设计意图
【归纳总结，实验探究，创设问题，证据推理】	展示硫粉，引导学生归纳其物理性质。 讲解：硫在空气中燃烧，就会生成二氧化硫。请同学们写出化学方程式。 展示二氧化硫气体，引导学生描述其物理性质	观察，归纳（黄色粉末）。 书写化学方程式。 回答闻气体的正确操作	由前后的认知矛盾，激起学生的探究兴趣和学习愿望，形成积极的认知氛围和情感氛围
	提问：如何检验二氧化硫的水溶性？现行教材中的方法过于传统，我们采用新的方法。 演示实验：用注射器吸取约 3 mL 的水，伸入充满二氧化硫气体的试管中，先注入 1 mL 水，握住注射器活塞，振荡试管，松手。 提问：同学们观察到什么现象？为什么会出现这种现象？	观察到教师松手后，活塞向下移。 回答：二氧化硫易溶于水	
	归纳，投影： 物理性质：无色，有刺激性气味的有毒气体，密度比空气大，易溶于水（1∶40），易液化（−10 ℃）		
	过渡：在这节课的开始，我们从第一组的汇报中了解了二氧化硫不利的一面。它有没有有利的一面呢？请第二组的同学发言	汇报：投影幻灯片，报告葡萄酒的主要成分及其平均含量，特别强调几乎所有的葡萄酒中都含有一定量的二氧化硫	

续上表

教学环节与教学内容	教师活动	学生活动	设计意图
	设疑：与大气污染物相关联的二氧化硫为什么会出现在典雅的葡萄酒中？	思考	利用动画形象生动地模拟在葡萄酒发酵过程中，酵母菌、细菌、二氧化硫分子等的活动，变不见为可见，同时引起学生的注意力和学习兴趣
	投影阅读材料：护酒保镖。 现在的葡萄酒是由葡萄汁发酵而成的。葡萄汁的发酵是由酵母菌来完成的，在葡萄刚刚榨出汁，人们扶植掌控的“好酵母”开工之前，葡萄汁中天然存在的细菌就已经不甘寂寞，要把葡萄汁破坏掉。这时候控制它们的“魔手”——杀菌剂就出现了。葡萄汁一旦开始发酵，就会有“不把糖吃光耗尽绝不收兵”的趋势。所以要想在成为“干葡萄酒”之前，留下一些糖，成为“甜葡萄酒”或者“半甜葡萄酒”，就需要提前终止酵母菌的有氧呼吸活动。所以，加入某种抗氧化剂，也就是不得已而为之的事情。在葡萄酒工艺的发展进程中，人们发现：原来二氧化硫可以单枪匹马单搞定所有任务。 讲解：请通过以下材料找出二氧化硫在葡萄酒酿造过程中所起的作用	阅读材料，讨论，回答：做杀菌剂、抗氧化剂	
	提问：我们学习过哪些物质也可作杀菌剂？这些物质作杀菌剂是由什么化学性质决定的？	回答：过氧化钠、氯水、次氯酸、过氧化氢、臭氧也可作杀菌剂。这些物质作杀菌剂是由强氧化性决定的	温故知新，实现知识类比迁移
	追问：二氧化硫做杀菌剂是由其强氧化性决定的，那么做抗氧化剂与什么性质有关？	回答：还原性	结构决定性质，性质决定用途，从用途可以反推性质。以此训练学生的逆向思维

续上表

教学环节与教学内容	教师活动	学生活动	设计意图
【实验探究一】	播放实验视频：（将装有二氧化硫的集气瓶拿起来，倒立放在装有硫化氢的集气瓶上，抽去玻璃片，上下转动，使气体充分混合）	观察，描述实验现象	培养学生从宏观的化学现象到微观的电子得失的实验探究能力
	归纳：气体混合有淡黄色固体生成，试管壁有水珠出现。 引导学生写出：①该反应的化学方程式；②该反应的氧化剂、还原剂、氧化产物和还原产物。 提问：该实验体现了二氧化硫的什么性质？	写出该反应的化学方程式、氧化剂、还原剂、氧化产物和还原产物。 回答：氧化性	
【实验探究二】	指导学生演示：用注射器吸取 1 mL 左右的高锰酸钾溶液伸入充满二氧化硫的试管中，慢慢注入。  引导学生分别写出二氧化硫和高锰酸钾溶液、氯水反应的化学方程式。 总结：从化合价的角度分析，SO_2中 S 为 +4 价，处于中间价态，因此二氧化硫既有氧化性又有还原性	观察并描述实验现象：高锰酸钾溶液褪色。 得出结论：二氧化硫具有还原性。 四位同学到黑板前写出化学方程式	让学生参与实验探究，体验实验探究的乐趣，巩固学生书写化学方程式的能力
	追问：二氧化硫极少表现氧化性，其氧化性不强，为什么还能杀菌？ 解答：杀菌作用是因为葡萄酒中微生物种类甚多，微生物抵抗 SO_2 的能力不一样，细菌最敏感，葡萄酒酵母抗 SO_2 能力较强（250 mg/L）	思考	环环相扣，抓住学生的矛盾思维

续上表

教学环节与教学内容	教师活动	学生活动	设计意图
	过渡：初中时我们学习了二氧化碳，二氧化碳是非金属氧化物，微溶于水，和水反应生成一种弱酸——碳酸。二氧化硫也是非金属氧化物，它是易溶于水的，那么它会不会和水反应生成什么？我们该如何探究？	演示实验：蘸取少量二氧化硫水溶液于 pH 试纸上，变色后与标准比色卡对比。 得出结论：二氧化硫是酸性氧化物	
	引导学生书写二氧化硫和水反应的化学方程式，并与教材上的进行对比	学生书写化学方程式，经对比发现教材上的化学方程式用两个半箭头连接反应物和生成物	
	动画演示二氧化硫和氧气发生的反应。 提问：这两个反应可以归于同一类化学反应，它们有什么共同特点？	观看动画，思考，交流	
【知识迁移，归纳总结，练习强化】	师生共同归纳：各有两个方向完全相反的反应在同时同条件下进行。 讲解：如果将二氧化硫和水生成亚硫酸的反应，二氧化硫和氧气生成三氧化硫的反应看作正反应，那亚硫酸分解为水和二氧化硫的反应，三氧化硫分解为二氧化硫和氧气的反应就是逆反应，像这样既能向正反应方向进行又能向逆反应方向进行的反应称为可逆反应。 投影：可逆反应概念、特点等。 强调：可逆反应的前提是同时同条件进行。 投影习题。 下列反应属于可逆反应的是（　　）。 A. H_2和 O_2点燃生成 H_2O 的反应与 H_2O 电解生成 H_2 和 O_2 的反应 B. $CuSO_4$吸水形成晶体蓝矾与蓝矾加热失去水分生成 $CuSO_4$ C. Cl_2溶于水 D. Na_2O 溶于水	做笔记 练习	实现知识类比迁移

续上表

<table>
<tr><th>教学环节与教学内容</th><th>教师活动</th><th>学生活动</th><th>设计意图</th></tr>
<tr><td rowspan="3">【实验探究三】
漂白可逆性改进：教材中的探究实验是加热试管中褪了色的品红溶液，看似可行，实际上难以进行。
不足：①实验中使用的二氧化硫水溶液，是由前面一个验证二氧化硫能溶于水的实验而制得的，其浓度很低，导致通入品红溶液中，溶液颜色难以褪去。②试管中加热分解出的二氧化硫不经处理，直接排放入空气中会对环境造成污染。
因此对漂白可逆性实验进行改进，装置如图所示：
</td><td>过渡：二氧化硫在葡萄酒中扮演“保镖”“护花使者”的角色。除了葡萄酒，还有许多食物中都含有酚类化合物，被氧化之后变成黄褐色。而二氧化硫具有一定的还原性，可以让它们不变色，或者把色素漂成白色。
请第三组的代表分享课前探究成果</td><td>第三组同学派代表投影幻灯片，讲述“厨大妈”单晶冰糖的实测值是标准值的5.8倍；介绍生活中其他用二氧化硫漂白的食品；阐明二氧化硫超标食品对人体的健康危害</td><td>激发学生的学习热情，让他们学会如何整理资料，如何制作课件，如何组织语言发表观点</td></tr>
<tr><td>实验演示：将事先已被二氧化硫漂白的溶液加热，分解产生的气体储存在气球中</td><td rowspan="2">观察到溶液恢复原色。

认真听讲</td><td rowspan="2">通过改进实验，唤起学生敢于质疑教材的意识，培养追求科学的精神</td></tr>
<tr><td>讲解：这个实验说明了二氧化硫漂白是不稳定的，原因就是二氧化硫和有色物质发生的反应是非氧化还原反应，没有破坏有色物质的分子结构，反应生成的无色物质不稳定，见光或受热易分解为二氧化硫和原来的有色物质，从而使有色物质恢复原色。前面学习过的过氧化钠、过氧化氢具有强氧化性，它们能破坏有色物质的分子结构，漂白后不能恢复原色，有兴趣的同学课后可进行实验探究</td></tr>
</table>

续上表

教学环节与教学内容	教师活动	学生活动	设计意图
【知识归纳，提升科学思维】	过渡：通过刚才学习可逆反应，我们已经知道硫有另外一种氧化物——三氧化硫。请阅读教材，然后分别根据空气中气相的和液相的二氧化硫形成硫酸型酸雨的两种途径，写出有关的化学方程式	学生阅读教材，书写化学方程式	
	讲述：工业上就是利用酸雨的气相形成原理来生产硫酸的，可见任何事物都有利弊两面，只有合理利用，才能物尽其用。	认真听讲	培养学生辩证统一的唯物主义思想，能从不同的角度看待事物
	这节课学习了二氧化硫的物理性质、化学性质，包括氧化性、还原性、酸性、漂白性以及可逆反应，其中化学性质是重点，采用口诀“污染空气降酸雨，杀菌抗氧酿美酒，酸性有利又有弊，漂白遇热可逆性”方便记忆	做笔记，听讲	帮助学生梳理本节知识，厘清重点，用简单的方法记住重点

四、教学反思

本节内容的设计将学生引入一个更广阔的探究空间和更活泼的活动氛围，学会更为积极主动的多样化的学习形式。另外，对二氧化硫性质实验进行创新和改进，既简易又能减少有毒气体对环境的污染，增强学生的环保意识。本节内容的教学充分融合了化学学科核心素养。

基于化学学科核心素养的“二氧化硫的性质”的教学设计

韩山师范学院化学与环境工程学院　黄文婷

摘要：本文以“二氧化硫的性质”教学为例，探索在高中化学课堂中如何从科学精神与社会责任、科学探究与创新意识的维度构建学生的科学本质观，发展学生的化学学科核心素养。

关键词：学科核心素养；二氧化硫的性质；翻转课堂；模拟法庭

一、教学背景

本节课选自人教版高中化学必修1第四章“非金属及其化合物”第三节“硫和氮的氧化物”第1课时的内容。在内容编排上，承接九年级化学下册第六单元“碳和碳的氧化物”知识，是对必修一第四章非金属硅、氯及其化合物知识的延伸，也为后续对氨、硫酸、硝酸的学习奠定知识基础，起到承上启下的作用。笔者认为本节课的现实意义在于既提高学生的环保意识，也让学生养成用辩证思维看待事物的两面性，同时还可以培养学生的科学精神与社会责任、科学探究与创新意识的化学学科核心素养。

二、基于化学核心素养的教学目标确立

（1）通过学习二氧化硫给人类带来的危害与贡献，增强学生的环保意识和社会责任感，逐步树立合理应用化学物质的科学观，发展学生“科学精神与社会责任”的核心素养。

（2）通过探究实验，提高学生的实验操作能力，运用多种方式收集实验证据，基于事实得到实验结论，发展学生“科学探究与创新意识”的核心素养。

三、教学过程

教学过程设计如表1－1－4所示。

表1－1－4　教学过程设计

教学环节与教学内容	教师活动	学生活动	设计意图
【课前准备，布置任务，实现翻转课堂】 课前任务学习流程图： 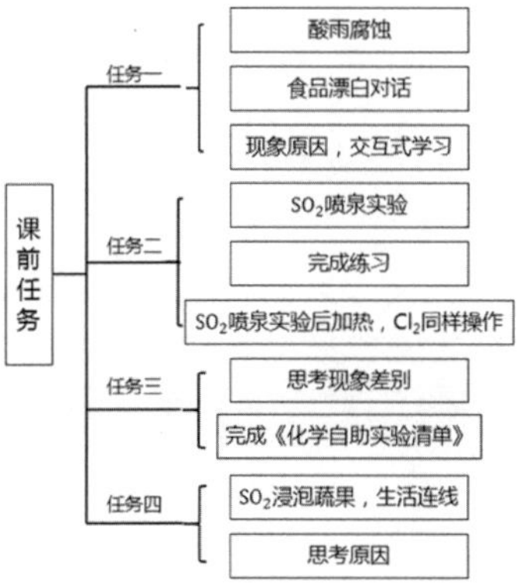	1. 将创建的教学微视频发给家长，同时下发纸质的自主学习任务单，并由家长将视频播放给学生看，学生根据自主学习任务单，明确学习目标，完成课前学习任务。 2. 建立班级QQ群，让学生在QQ群中讨论交流，收集学生观看视频中存在的疑难困惑	观看微视频，根据自主学习任务单完成课前学习任务。 讨论，交流	

续上表

教学环节与教学内容	教师活动	学生活动	设计意图
【探究实验，收集证据，联系生活】 【环节一】检测自主学习成效 检测内容： 1. 基础知识点； 2. 分享观看“二氧化硫的性质”相关视频产生的疑难困惑	提问不同水平的学生回答基础知识点，倾听并解答学生在观看视频过程中遇到的问题	回答问题，完成针对性练习，提出疑难困惑，仔细倾听讲解	加强师生互动，提高学生的学习自主性
【环节二】 【SO_2的“辩白”一】从实验现象猜想SO_2的相关性质：酸性氧化物	提问：视频中SO_2溶于水仅仅是简单的物理性质吗？品红溶液褪色又是什么原因呢？ PPT展示CO_2、SiO_2的相关性质，引导学生猜想SO_2的相关性质。 给学生分发点滴板、紫色石蕊、胶头滴管和二氧化硫溶液。从旁指导。 写出有关SO_2作为酸性氧化物的反应方程式。 提示：SO_2与H_2O反应是可逆反应，提示学生类可比CO_2与H_2O的反应	思考、大胆猜想，动手操作实验 思考 小组合作探究。观察紫色石蕊与SO_2的实验现象，写出相关反应方程式	培养学生的猜想假设思维。 培养学生小组合作精神与探究精神，学会类比学习

续上表

<table>
<tr><th>教学环节与教学内容</th><th>教师活动</th><th>学生活动</th><th>设计意图</th></tr>
<tr><td>【SO_2的“辩白”二】SO_2的漂白性
根据各小组观看微视频后提交的化学自助实验申请单，请各小组申请实验仪器，自主合作探究，验证实验现象并完成表格。
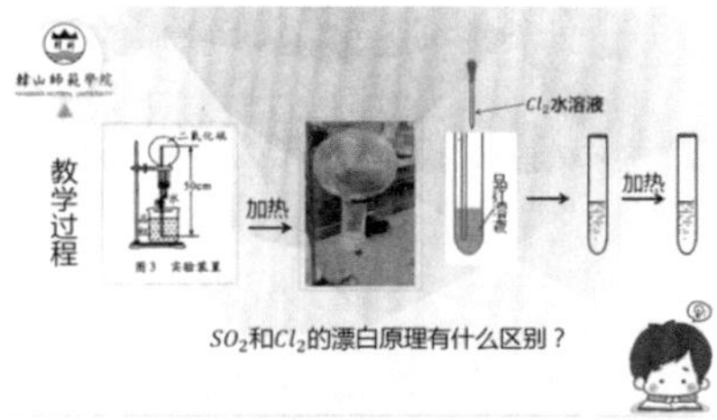

氯水与二氧化硫的漂白原理区别
<table><tr><th></th><th>氯水</th><th>二氧化硫</th></tr><tr><td>原理</td><td></td><td></td></tr><tr><td>实质</td><td></td><td></td></tr><tr><td>效果</td><td></td><td></td></tr><tr><td>范围</td><td></td><td></td></tr></table></td><td>讲述：同学们，从课前的微视频中，我们可以看到圆底烧瓶中品红溶液遇SO_2后褪色，加热后又恢复颜色，而氯水加热后却不会褪色，这两种物质都具有漂白性，那么它们的漂白原理相同吗？</td><td>小组合作操作实验，探究两种物质的漂白原理。
各小组口头表达和报告，分享实验成果，交流心得体会及存在的疑惑</td><td>培养学生的合作精神和实验操作能力</td></tr>
<tr><td>【SO_2的“辩白”三】SO_2的还原性
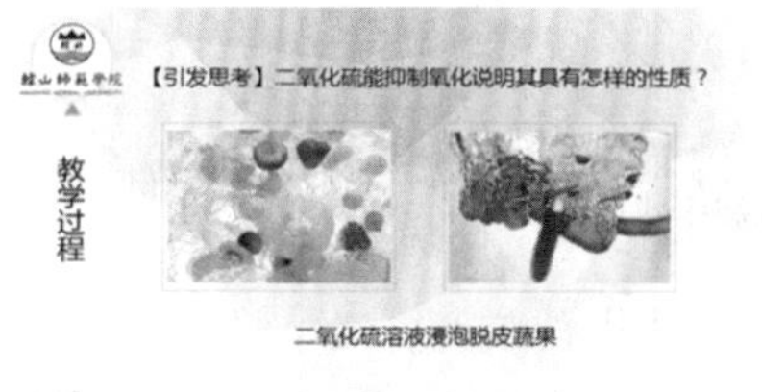

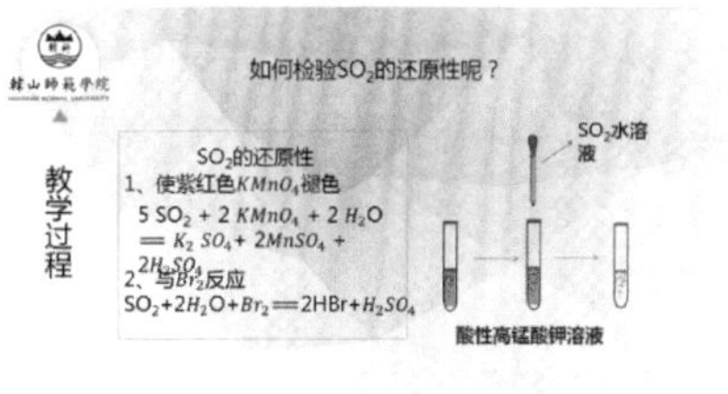
</td><td>讲述：在微视频中我们看到SO_2浸泡蔬果可使其脱皮光鲜亮丽，同学们知道这是SO_2的什么性质吗？应该如何检验该性质呢？
向学生提供验证该性质的所需试剂，并根据所学的氧化还原反应知识，引导学生写出相关反应方程式</td><td>1. 联想生活知识，思考问题。
2. 动手操作实验：学生1用高锰酸钾检验；学生2用溴水检验；学生3用Fe^{2+}检验。
各实验小组学生口头表达和报告，展示实验成果，分享心得体会，提出疑惑，写出相关反应方程式</td><td>培养学生紧密联系生活的化学思维，巩固氧化还原反应知识</td></tr>
</table>

续上表

<table>
<tr><th>教学环节与教学内容</th><th>教师活动</th><th>学生活动</th><th>设计意图</th></tr>
<tr><td>【SO_2的“辩白”四】SO_2的氧化性
由微视频中 S 价态二维图，引发学生思考。
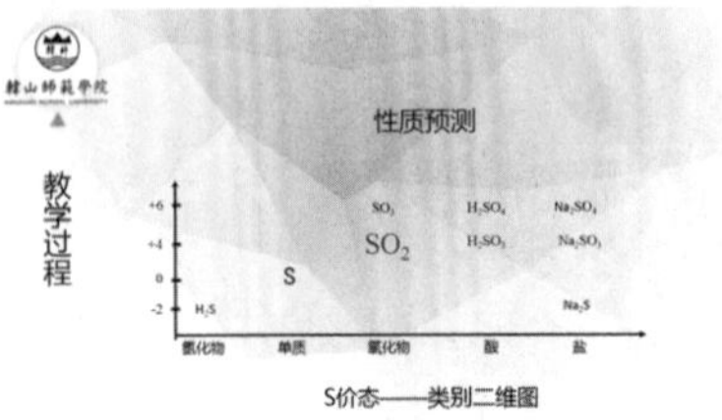

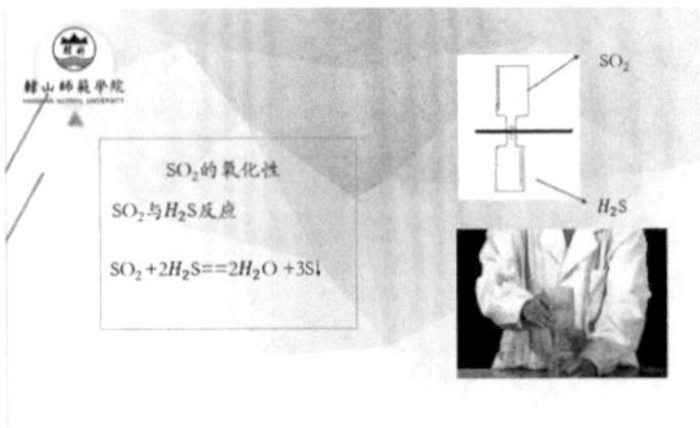
</td><td>提问：SO_2是否具有其他化学性质？
播放视频：向学生播放有关SO_2氧化性的相关视频，引导学生写出相关方程式</td><td>思考 S 的其他化合价态。
观看视频，写出相关反应方程式</td><td>巩固前面所学物质的分类与氧化还原反应知识，使学生学会章节与章节之间的联系，学会猜想与假设</td></tr>
<tr><td rowspan="2">【SO_2的“宣判”】回顾课前所播微视频中的内容，引出SO_2在生产中的应用。
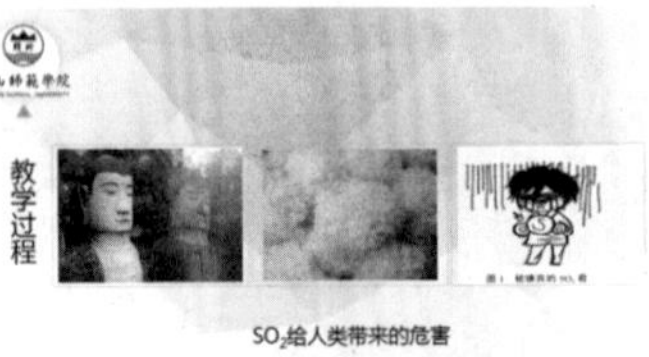

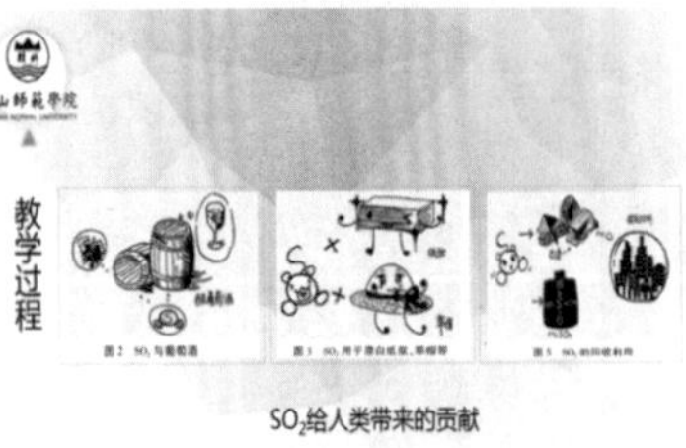
</td><td>播放视频：SO_2给人类带来的危害。
举例说明SO_2给人类带来的危害与贡献，增强学生的环保意识和社会责任感。
展示：SO_2在生活各方面中的应用</td><td>了解SO_2给人类带来的危害与贡献，知道SO_2在生活中的应用，逐步树立合理应用化学物质的科学观</td><td rowspan="2">引导学生树立良好的食品安全意识、法制意识，培养学生的科学素养和辩证思想。有助于学生形成正确的价值观</td></tr>
<tr><td colspan="2">师生交流讨论，“宣判”SO_2无罪</td></tr>
</table>

续上表

教学环节与教学内容	教师活动	学生活动	设计意图
【巩固知识，播放视频】 梳理知识点，形成条理清晰的知识系统。	播放有关 SO_2 的相关性质的实验视频	观察实验视频，回忆所学知识点，完成学案	通过播放视频，使注意力不集中的学生，重新吸引到课堂中

四、教学反思

本节课从学科与生活、社会的结合点入手，利用问题探究、认知矛盾来创设教学一系列真实情境。教学情境设计注意情境作用的全程性，努力在整个学习过程中都能激发、推动、维持、强化和调整学生的认知活动、情感活动和实践活动等。让学生在自发关注民生的同时，自然能感受到学习化学的意义，体现科学服务于社会和生活的理念，最终达成“从生活走向化学，从化学走向社会”的目标。另外，模拟法庭这种新颖的教学设计形式，可以激发学生的参与兴趣。

基于化学学科核心素养的“二氧化碳”的教学设计

韩山师范学院化学与环境工程学院　李仲凡

摘要：本文以“二氧化碳”教学为例，探索在初中化学课堂中如何从科学探究与创新意识、科学精神与社会责任认知的维度构建学生的科学本质观，发展学生的化学学科核心素养。

关键词：学科核心素养；二氧化碳；自主探究

一、教学背景

本节课选自人教版九年级化学教材上册第六单元“碳和碳的氧化物”课题 3“二氧化碳和一氧化碳”第 1 课时“二氧化碳”的内容。学生在此之前已经学习了有关碳的化学性质以及二氧化碳的制取，所以本节课重点讲解二氧化碳的性质。整节课以一个小故事开始，环环相扣，层层递进，并以问题引导学生自主学习，主动探究，积极思考，最后再以小故事回顾总结知识，使整节课首尾呼应。本节课既能培养学生的自主学习能力，又能培养学生的动手能力。

二、基于化学核心素养的教学目标确立

（1）通过对二氧化碳的性质、用途等有关知识的探究学习，领悟知识要点；通过设计并完成实验，初步认识科学探究的基本过程，进行初步的探究活动，发展学生“科学探究与创新意识”的核心素养。

（2）通过相互交流、探究式的学习方式，使学生产生科学探究的兴趣，从而产生学习化学的强烈愿望。

（3）了解温室效应对人类可能产生的危害，树立关注社会、环境，热爱自然的情感意识，发展学生“科学精神与社会责任”的核心素养。

三、教学过程

教学过程设计如表 1－1－5 所示。

表 1－1－5　教学过程设计

教学环节与教学内容	教师活动	学生活动	设计意图
【故事引入，激发学习兴趣】	讲授故事：从前，有个农夫带了一只小狗上山砍柴，在路上遇到大雨，于是，农夫便带着小狗到一个山洞内避雨。越往里走，农夫发现小狗越来越没精神，喘气声越来越大。农夫弯下腰抱起小狗时，他嘴里的香烟突然灭了，他自己也感到一阵头晕。而等他抱起小狗起身后，很快又觉得没事了，小狗也渐渐恢复过来 提问：这是为什么呢？	在有趣的故事中认真思考	通过故事激发学习兴趣和探究兴趣
【过渡】	这种神秘的物质就是 CO_2。这节课我们就来学习 CO_2，首先我们先一起来探究一下 CO_2有什么性质	回忆故事并结合日常生活中的有关知识，思考 CO_2 的性质	养成自主探究学习的能力
【交流与展示】	展示一瓶 CO_2气体，提问：通过观察，你能得到有关 CO_2 的哪些性质？	上前观察 CO_2的颜色、状态及气味	通过自己观察并得出结论

续上表

教学环节与教学内容	教师活动	学生活动	设计意图
【实验与设计】 完成教材实验6－4和实验6－5。 通过以上两个实验总结出CO_2的性质： 1. 密度比空气大； 2. 不燃烧不支持燃烧； 3. 能溶于水	提问：在刚才的故事中，农夫在弯腰抱起小狗时他嘴里的烟灭了，这说明CO_2还有什么性质呢？指导学生完成实验6－4。  	进行探究实验，认真观察，记录实验现象，讨论后发言，得出CO_2的性质	通过学生亲手操作实验，亲眼观察实验现象，激发他们的探究欲望
	展示一瓶碳酸饮料并打开瓶盖。 提问：同学们观察到什么现象？这一现象是否说明CO_2能溶于水？ 引导学生完成实验6－5	进行实验探究，观察现象，分析得出结论	从生活现象引入课堂学习，让学生体会生活中处处有化学
【实验与探究】 完成实验演示6－6	取四朵用石蕊溶液染成紫色的干燥纸花，进行以下实验： Ⅰ. 喷稀醋酸 Ⅱ. 喷水 Ⅲ. 直接放入CO_2中 Ⅳ. 喷水后放入CO_2中	观察实验现象，记录实验结果后进行分析，得出结论：二氧化碳与水发生了反应。在老师的引导下书写反应方程式：$CO_2+H_2O═H_2CO_3$	
	设疑：如果将Ⅳ的纸花取出烘烤，会有什么现象？ 结论：H_2CO_3不稳定，易分解成CO_2和H_2O	思考	培养学生的探究精神、观察能力、总结能力

续上表

教学环节与教学内容	教师活动	学生活动	设计意图
【思考与探究】 操作实验：展示一瓶无色澄清溶液，通过一根吸管向溶液里吹气，澄清溶液逐渐变浑浊	讲述：刚才我们已经了解到碳酸饮料中含有CO_2是利用CO_2能溶于水这个性质，那么，我们应该如何来验证CO_2的存在呢？现在，老师来给同学们变一个魔术：把一瓶澄清的水变成浑浊的水。 操作实验。 请一个学生上台重复刚才演示的实验。 提问：这瓶溶液究竟是什么东西？为何向它吹气溶液会变浑浊呢？ 评价学生的设想并协助完成实验。 讲述：CO_2能使澄清石灰水变浑浊，是因为CO_2与$Ca(OH)_2$反应生成白色的碳酸钙沉淀，我们就是利用这个反应来检验CO_2的存在	积极思考，大胆设想，热烈讨论，上台验证设想 观察实验现象 思考	让学生主动参与到实验中，使其养成自主学习能力和探究能力，并及时给予鼓励，增强学习信心
【知识归纳，提升科学思维】	提问：我们学习了以上CO_2这些性质，同学们能把CO_2的物理性质、化学性质归纳起来吗？ 板书： 1. 物理性质：无色无味气体；密度比空气大；能溶于水。 2. 化学性质 ①不燃烧也不支持燃烧 ②与水反应：$CO_2+H_2O=\!=\!=H_2CO_3$ ③与氢氧化钙反应： $CO_2+Ca(OH)_2=\!=\!=CaCO_3\downarrow+H_2O$	认真回顾所学知识，积极回答问题	通过对CO_2性质的回顾，提高学习归纳能力
【联系生活与运用】	提问："干冰"的化学成分是什么？ 播放关于"干冰"的制作与升华的视频。提示学生思考CO_2对生活、环境有什么影响，总结CO_2在生产生活中的用途。 总结CO_2的功与过： 功：①灭火；②做肥料；③光合作用；④化工产品的原料；⑤制作干冰和人工降雨。 过：温室效应	看课本，看课件，积极讨论，总结	通过将课本知识与生活联系起来，增强学习欲望

续上表

教学环节与教学内容	教师活动	学生活动	设计意图
【回顾与总结】	联系本节课开始前的小故事，引导学生用这节课所学的知识来解释故事里的情节	对本节课知识进行回顾总结，积极回答问题	用故事首尾呼应，使学生更能记住这节课所学内容

四、教学反思

本节课的教学特色是教师通过变小魔术的方法激发学生的学习兴趣，让学生积极主动参与到“魔术”当中来。初中生刚接触化学，通过教师的小魔术能更好地体会到化学的魅力所在，也能使课堂氛围更加活跃；而且，学生能因为对“魔术”现象感到神奇而主动思考，从而对化学学科产生兴趣。本节课还采用小故事开头，吸引学生的学习兴趣；在课堂内容中也准备了多个小实验让学生自己亲手操作，可以培养学生的动手能力；课堂问题的提问也是环环相扣，层层推进，让学生能在教师的引导下自主思考，获得相关知识。而在课堂结束方面，用了课堂开始时的小故事来进行回顾总结，使得整节课首尾呼应，思路清晰。

基于化学学科核心素养的“醛”的教学设计

韩山师范学院化学与环境工程学院　刘妙冰

摘要： 本文以“醛”教学为例，探索在高中化学课堂中如何从科学精神与社会责任、科学探究与创新意识的维度构建学生的科学本质观，发展学生的化学学科核心素养。

关键词： 学科核心素养；醛；实验探究

一、教学背景

本节课内容选自人教版高中化学选修 5 第三章“烃的含氧衍生物”第二节“醛”第 1 课时的内容。醛类化合物（如甲醛、乙醛等）在生活中有着广泛的应用，学生在前面已经学习了乙醇的结构和性质，掌握了羟基官能团的结构特点及其在化学反应中的变化。本节课主要介绍以甲醛、乙醛为代表的醛的结构、性质与用途。课本的资料卡片让学生体会醛与我们生活的联系；醛基的检验实验，与银氨溶液和新制氢氧化铜的反应，有助于学生更好掌握醛的特征化学反应；乙醛与乙酸、乙醇三者的相互转化，能培养学生用发展联系的观点去思考问题，学会知识的融会贯通。

高二的学生思维较为活跃，对问题的思考，理性思维占主导，能较深刻地体会

“结构决定性质，性质反映结构”的化学学习思想，具备了正确归纳物质的物理性质，从醛类的结构推断其化学性质，并进行实验探究的能力。

二、基于化学核心素养的教学目标确立

（1）通过小组合作进行探究实验，培养学生观察实验、总结实验和实验动手能力，提高团队合作精神，发展“科学探究与创新意识”的化学学科核心素养。

（2）通过对“醛”类物质的学习，体会化学与生活的联系，乐于探究，勇于创新，关注与化学有关的社会热点问题，增强社会责任感，发展“科学精神与社会责任”的化学学科核心素养。

三、教学过程

教学过程设计如表 1－1－6 所示。

表 1－1－6　教学过程设计

教学环节与教学内容	教师活动	学生活动	设计意图
【联系社会热点导入，激发学生学习兴趣】	讲述：同学们，最近，“甲醛白菜”的事件成为大家关注焦点。我们来看一则新闻，了解相关情况（PPT 投影）：据山东媒体报道，某年 5 月初，有市民反映，他发现买的白菜使用了一种有强烈刺鼻味的喷剂。经检测，白菜被喷上了特殊的保鲜剂——甲醛。因为白菜水分多，而现在的气温比较高，两三天就可能腐烂，因此有菜贩使用甲醛对长途运输的大白菜进行保鲜。使用保鲜剂几乎成了业内的一个“潜规则”	好奇，阅读新闻，思考	创设情境，联系社会热点，激发学生的好奇心
【创设问题，实验探究，知识迁移】 1. 学习甲醛的物理性质	过渡：新闻中提到的甲醛究竟是什么物质呢？这节课我们就一起来学习烃的另一种含氧衍生物——醛		展示样品，让学生直观感知，回忆闻气体的正确操作，巩固所学知识
	展示样品：甲醛是最简单的醛，这是一瓶甲醛气体，请同学们观察，它是什么颜色的气体？我们要怎样知道它的味道呢？	回答：无色。用扇闻法	
	总结：闻气味的正确操作是用手轻轻地在瓶口扇动，仅使少量的气体飘入鼻孔。禁止把鼻子凑到容器口去闻气体	演示闻气体的操作	

续上表

教学环节与教学内容	教师活动	学生活动	设计意图
	讲述：大家翻开课本第 56 页，结合新闻的内容、课本资料，归纳出甲醛的性质及用途	阅读课本，归纳总结	培养学生对信息的阅读归纳能力
	讲述：我们一起来归纳一下。甲醛是什么颜色？什么气味？什么状态？溶解性是什么？毒性呢？（学生答，老师填表）从新闻里面我们还可以知道，甲醛的用途是什么？（学生答，老师填表）	思考老师提出来的问题，跟着老师的思路，逐步完成简表	从新闻感知，到阅读课本，循序渐进，利于学生掌握所学知识
	讲述：甲醛是一种破坏生物细胞蛋白质的原生质毒物，世界卫生组织确认甲醛为致畸、致癌物质，长期接触将导致基因突变。 提问："甲醛白菜"会危害人体的健康，如果我们买到了"甲醛白菜"，该如何"消毒"呢？请同学们结合甲醛的性质，谈谈你的方法	回答：因为甲醛易溶于水，所以可以采用浸泡法	
	讲解：专家表示，因为甲醛非常易溶于水、易挥发。买到白菜后，先去掉外面的一层叶子，再用清水洗几遍，最好泡一泡，这样基本上就可以洗掉甲醛溶液。但还是希望有关部门引起重视，尽快监管起来	听讲，做笔记	再次联系新闻，学以致用，关注社会，培养学生的社会责任感
【创设问题，实验探究，知识迁移】 2. 学习甲醛的结构特点	讲述：甲醛易溶于水，所以生活中使用较多的是甲醛的水溶液。甲醛的水溶液又称为福尔马林。医院用它来消毒工具、保存尸体或标本（展示相关图片），所以医院里经常能闻到一股刺激性气味。甲醛的结构简式为 HCHO（板书）。 提问：甲醛的分子式是什么？（板书：CH_2O）你们能写出它的结构式吗？	书写结构式	初步感知醛的结构特点
	甲醛含有醛基官能团，它对醛类物质的主要化学性质起着决定作用。 提醒：—CHO 醛基，注意不能写成—COH)	认真听课	进行官能团决定化学性质的化学思想的教育

续上表

教学环节与教学内容	教师活动	学生活动	设计意图
	过渡：醛的家族是庞大的，认识了甲醛，接下来我们认识一下甲醛的兄弟——乙醛		
	展示一瓶乙醛溶液。 提问：同学们能归纳出乙醛的哪些性质呢？我们一起结合课本来完成表格。 讲述：甲醛的结构简式是HCHO，你们能写出乙醛的结构式吗？ PPT展示乙醛的球棍模型	观察其颜色状态，并用正确的方法闻气味。 完成表格。 练习书写乙醛的结构式	由甲醛过渡到对乙醛的学习，让学生自己归纳出乙醛的性质
【创设问题，实验探究，知识迁移】 3. 由甲醛过渡到对乙醛的学习	提问：在科学研究中，对于分子结构的鉴定，我们第一章学习了可以用什么方法来推知有机物分子中不同类型的氢原子呢？（核磁共振氢谱法） PPT展示乙醛的核磁共振氢谱图。 提问：从中你们可以获取什么信息？请指出两个吸收峰的归属	回忆之前所学知识，并思考回答问题	巩固旧知识，加强学生对检测分子结构的科学方法的理解，从感性认识上升到理性认识
	归纳：乙醛（CH_3CHO）分子结构中含有两类不同位置的氢原子，因此在核磁共振氢谱中有两组峰，峰的面积与氢原子数成正比。因此峰面积较大或峰高较高的是甲基氢原子，反之，是醛基上的氢原子	认真听课	
	提问：甲醛和乙醛的官能团都是醛基，醇的官能团是羟基，醛基对醛的化学性质起着决定作用。对比这两种物质，同学们能归纳出醛的定义吗？	对比归纳：醛是由烃基与醛基相连而构成的化合物	加深学生对醛结构的认识，让学生自主对知识进行建构

续上表

<table>
<tr><th>教学环节与教学内容</th><th>教师活动</th><th>学生活动</th><th>设计意图</th></tr>
<tr><td rowspan="5">【创设问题，实验探究，知识迁移】
4. 学习醛的化学性质</td><td>讲述：醛类物质与我们的生活有着密切的联系，自然界的很多植物都含有醛，桂皮含有肉桂醛，杏仁含有苯甲醛等（展示图片），像这两种醛是醛基与苯环相连，我们把它们叫作芳香醛，而甲醛、乙醛等是属于饱和脂肪一元醛，其通式为：$C_nH_{(2n+1)}CHO$ 或 $C_nH_{2n}O$（$n \geq 1$）</td><td>认真听课</td><td></td></tr>
<tr><td>过渡：根据乙醛的结构式，猜想乙醛分子中哪些部位易发生反应。小组讨论交流一下</td><td>讨论交流</td><td rowspan="2">让学生进一步体会结构决定性质的化学思想，掌握研究物质的方法</td></tr>
<tr><td>引导：我们之前学习过的乙烯含有不饱和键（碳碳双键），易断裂，能发生什么反应？（加成反应）碳氧双键也是不饱和键，所以类似能发生什么反应？除此之外，醛基中碳氢单键极性较强，也易断裂，会发生反应</td><td>观察，讨论并通过教师的指导回答问题（可能碳氧双键上发生加成反应或醛基上碳氢键断裂）</td></tr>
<tr><td>讲述：实验证明，乙醛在蒸气和氢气的混合气体中通过热的镍催化剂，能发生加成反应。同学们能写出其反应的化学方程式吗？</td><td>书写方程式：
$CH_3CHO + H_2 \xrightarrow[\triangle]{催化剂} CH_3CH_2OH$</td><td></td></tr>
<tr><td>提问：乙醛的催化加氢反应能说是乙醛的还原反应吗？回忆上节课学习的关于对有机物氧化还原反应的判别的知识
讲解：有机化学是以反应物和生成物组成中氢原子或氧原子数目的变化来判断氧化还原反应的。在乙醛与氢气的加成反应转变为乙醇的反应中，乙醛中羰基的碳氧双键断开，每个原子上各连接一个氢原子，属于加氢反应，也是还原反应</td><td>回忆，回答问题（能，有机化学反应中加氧去氢为氧化；去氧加氢为还原）

认真听讲</td><td></td></tr>
</table>

续上表

教学环节与教学内容	教师活动	学生活动	设计意图
	提问：乙醛能否发生氧化反应？请同学们写出乙醛与氧气在催化剂作用下的反应方程式	回答问题，书写化学方程式：$2CH_3CHO + O_2 \xrightarrow[\triangle]{催化剂} 2CH_3COOH$	再次说明有机化学中氧化还原反应化学中概念，加深印象，掌握乙醛的氧化反应
	展示图片：工业上制醋酸涉及的反应。 提问：上面的反应中，乙醛能被还原生成乙醇，也能被氧化生成乙酸，说明乙醛具有什么性质？ 讲述：根据乙醛发生氧化、还原反应的条件可以确定，乙醛还原性强而氧化性弱。之前学习过乙醇也能氧化成乙醛	回答问题：既有还原性，又有氧化性	
	提问：同学们能整理出醇、醛、羧酸三者的转化关系图吗？	交流、思考，完成转化 $CH_2CH_2OH \xrightarrow[H_2]{[O]}$ $CH_2—\overset{\overset{\large O}{\Vert}}{C}—H \xrightarrow{[O]}$ $CH_2—\overset{\overset{\large O}{\Vert}}{C}—OH$	让学生学会构建知识之间的联系
	过渡：乙醛能与强氧化剂氧气发生反应，那它能否与弱氧化剂发生反应？请同学们阅读课本的实验3－5，并观看乙醛银镜反应视频	观看视频，记录实验现象	

续上表

教学环节与教学内容	教师活动	学生活动	设计意图
	播放视频：乙醛的银镜反应。 提问：实验有什么现象？同学们来说说这个实验要注意哪些点？	思考回答	通过播放视频，调动学生的多种感官，培养学生对实验现象的讨论分析能力
	讲述：我们可以看到试管底部生成了一层银镜。 实验注意事项：①试管内壁应洁净。②必须用水浴加热，不能用酒精灯直接加热。③加热时不能振荡试管和摇动试管。④配制银氨溶液时，氨水不能过量（防止生成易爆物质）	认真听课	
	提问：除去试管底部的银镜可以用什么溶液？	回答：稀硝酸。 练习：书写反应中涉及的所有化学方程式	
	检查学生书写的正误： ①$AgNO_3 + NH_3 \cdot H_2O =\!=\!= AgOH\downarrow + NH_4NO_3$ ②$AgOH + 2NH_3 \cdot H_2O =\!=\!= Ag(NH_3)_2OH + 2H_2O$ ③$CH_3CHO + 2Ag(NH_3)_2OH =\!=\!= H_2O + 2Ag\downarrow + 3NH_3 + CH_3COONH_4$	派学生代表到黑板上书写，其他人自己练习	培养正确书写化学方程式的能力
	讲解：1 mol 乙醛可以与 2 mol 银氨溶液反应，注意因为氨气极易溶于水，所以这个反应的氨气不会逸出，不用标气体符号。这个反应我们可以用一句顺口溜来记忆："一醛二银氨，热成 123 水银氨，还有乙酸铵"	认真听课，做笔记	通过顺口溜来记忆，激发学生兴趣，寓乐于教，突破难点
	讲解：工业制镜及生产保温瓶胆	了解乙醛在工业生产中的应用	进行理论联系实际、学以致用的教育

续上表

教学环节与教学内容	教师活动	学生活动	设计意图
	过渡：乙醛不仅可以与银氨溶液发生反应，还可以与新制氢氧化铜反应。这就是课本实验 3－6。请同学们阅读课本中的实验步骤，并进行小组实验探究	阅读课本，小组探究	探究合作，培养学生的动手能力。及时发现实验中的错误，讨论交流，加深学生对实验的理解
	提问：实验现象依次是什么？	回答：先是浅蓝色絮状沉淀生成，后是砖红色沉淀生成	
	引导：为什么有些同学得不到砖红色沉淀？这个实验要注意什么呢？ 强调：如果碱不过量，不会生成砖红色沉淀。氢氧化钠应过量，这样可以加快乙醛的氧化。注意试剂的添加顺序	做笔记	
	指导学生书写反应涉及的所有化学方程式： $CuSO_4 + 2NaOH \xlongequal{} Cu(OH)_2\downarrow + Na_2SO_4$ $CH_3CHO + 2Cu(OH)_2 \xrightarrow{\triangle} CH_3COOH + Cu_2O\downarrow + 2H_2O$	书写化学方程式	
	讲解：1 mol 醛基与 2 mol 的新制氢氧化铜反应，注意方程式的系数比，砖红色沉淀为 Cu_2O。反应所用的氢氧化铜是胶体，要限时配制，因为氢氧化铜放置久了会变成氢氧化铜悬浊液，是不能和乙醛反应的。 提问：这两个实验都说明了乙醛能与弱氧化剂反应，这体现了乙醛的什么性质？应该如何检验醛基？	回答：体现了还原性，可用银氨溶液或新制的氢氧化铜检验醛基的存在	及时总结归纳，加深学生对醛基检验实验的印象

续上表

教学环节与教学内容	教师活动	学生活动	设计意图
	讲解：这两个反应都是醛类化合物的特征反应，可以用来检验醛基的存在，我们知道葡萄糖中也含有醛基，所以在医学上用该反应来检验尿液中是否含有葡萄糖	做笔记	
【知识迁移，归纳小结】	提问：学习了醛的相关知识，下面大家一起来思考一个生活问题。在生活中，我们经常听到别人说，喝浓茶可以解酒，这究竟是不是正确的做法呢？可用我们刚才学过的醇、醛、羧酸的转化关系来了解（回忆刚才关系图）	思考	
	师生：酒的主要成分是乙醇，人们饮酒后酒中的乙醇通过胃肠道进入血液，在肝脏中转化成为乙醛，再转化成乙酸，由乙酸分解成二氧化碳和水而排出。而喝茶，茶叶中的茶碱可以迅速地对肾发挥利尿作用，从而促进尚未分解的乙醛过早地进入肾脏。乙醛是一种对肾脏有较大刺激性的有害物质，而肾脏并无此解毒功能，所以会影响肾功能，经常酒后喝浓茶的人易发生肾病。不仅如此，酒中的乙醇对心血管的刺激性很大，而浓茶同样具有兴奋心脏的作用，两者合二为一，双管齐下，更增强了对心脏的刺激，所以心脏病患者酒后喝茶危害更大		以生活常识问题引起学生注意，学会知识的迁移运用
【小结】	师生一起根据板书复述各知识点，加强记忆		使学生了解本节课的重点知识，有利于对所学知识的系统化记忆

四、教学反思

本节课的设计主要有以下特点。

1. 关注社会热点，体现化学指导生活

本节内容与社会生产和日常生活联系密切，因此笔者在教学过程中充分利用社会生产和日常生活中的事例进行教学，从深化认识甲醛对健康可能产生的影响，到通过图片把生产和生活实际的内容与化学知识有机结合联系起来，再到课后的知识迁移运用，都充分体现了化学教育“从生活走近化学，从化学走向社会”的新课标理念。

2．充分利用信息手段和结构模型突出重点和突破难点

通过对典型代表物借助球棍模型或比例模型等的构建，加深学生对官能团的认识，明确官能团与有机物性质的关系，进而过渡到对具有相同官能团的一类有机物的组成、结构和性质差异的认识。

以化学核心素养为本的“乙醇”的教学设计

韩山师范学院化学与环境工程学院　宋燕静

摘要：本文以“乙醇”教学为例，探索在高中化学课堂中如何从宏观辨识与微观探析、科学探究与创新意识、科学精神与社会责任的维度构建学生的科学本质观，发展学生的化学学科核心素养。

关键词：学科核心素养；乙醇；官能团；实验探究

一、教学背景

“生活中两种常见的有机物——乙醇”是人教版高中化学必修2第三章第三节第1课时的内容，以初中所学乙醇的用途为知识增长点，本节课要求认识乙醇的组成、结构特点、主要性质（物理性质、与钠反应、催化氧化和燃烧、与强氧化剂的反应）等；乙醇的氧化反应机理、乙醇的消去反应、取代反应和乙醇的制取等内容是选修的要求，选修模块《有机化学基础》对有机物知识的系统性要求很高。因此，必修模块所学为选修模块关于有机物的学习做铺垫。通过学习乙醇的分子结构和化学性质，帮助学生构建“官能团决定同一类有机物化学性质”的思维，理解有机物“（组成）结构—性质—用途”的认知关系，掌握以点带面的学习方法，从而形成一定的分析和解决问题的能力。为学生后继学习复杂的烃的衍生物——糖、油脂、蛋白质等打下夯实的基础。同时，乙醇是重要的有机化合物，是酒的主要成分，又是重要的有机化工原料，在日常生活、医疗保健和工业生产等方面具有广泛而重要的用途，与我们日常生活息息相关。因此，本节内容是全章的重点之一。

高一学生求知欲强、兴趣广泛，注意力具有一定的稳定性，思维活跃，经常提出问题，初步完成从具体思维为主到抽象思维为主的过渡，学习思想从“被动接受型”慢慢向“自主学习型”转变；经过近一个半学期的高中化学学习，初步具备了系统知识学习的能力，具备了一定的提出问题、分析问题、解决问题的能力。

二、基于化学核心素养的教学目标确立

（1）通过学习乙醇的分子结构、主要性质，了解烃的衍生物及官能团的概念，建立“结构—性质—用途”的有机物学习模式，能根据物质的微观结构，预测物质的性

质和在一定条件下可能发生的化学反应，发展“宏观辨识与微观探析”的化学学科核心素养。

（2）通过有关乙醇的实验，学会观察、分析化学实验现象和推理、探究实验结果，并学会对有机物进行科学探究的基本思路和方法，发展“科学探究与创新意识”的化学学科核心素养。

（3）通过喝酒有害健康的事实，结合实际强化不酗酒、不酒后驾车、珍惜生命的理念，发展“科学精神与社会责任”的化学学科核心素养。

三、教学过程

教学过程设计如表 1－1－7 所示。

表 1－1－7　教学过程设计

教学环节与教学内容	教师活动	学生活动	设计意图
【趣味导入，吸引学生注意力，激发学习兴趣】	讲述：说到酒，同学们一定不陌生。现在老师跟大家讲一个关于喝酒的笑话。“几个朋友喝酒，劝酒太多，都喝多了。一个倒在路边睡着了，我们也抬不动他，就商量着给他找些东西盖上，别着凉了。几天后见到他，他说第二天醒来竟然发现身上放着三辆自行车。”	认真听课	以笑话引入，调动课堂气氛，激发学生学习兴趣，引出课题
	提问：大家是不是觉得很可笑？造成这场闹剧的罪魁祸首是什么呢？ 是的，大家都答对了。你们知道酒的主要成分是什么吗？	回答：酒。思考	
	投影：酒是多种化学成分的混合物，酒精是其主要成分，酒精的学名是乙醇，啤酒中乙醇含量为 3%～5%，葡萄酒含酒精 6%～20%，黄酒含酒精 8%～15%，一些烈性白酒含乙醇 50%～70%（均为体积分数）	联系生活，认真阅读	
	过渡：古往今来，无数人迷恋酒，包括古代文人墨客。由此作出名句如“明月几时有？把酒问青天！”“白日放歌须纵酒，青春做伴好还乡”“今宵有酒今宵醉”等。乙醇，这种有机物具有什么样的结构和性质呢？可以让这么多人为之着迷。让我们一起来揭开它的庐山真面目吧	感受化学与生活和文化的紧密关系	诗歌可以使学生体验到文学意境美

续上表

教学环节与教学内容	教师活动	学生活动	设计意图
	展示无水乙醇试剂，让学生观察	仔细观察，讨论交流，自由回答	培养学生的观察能力，调动学生的学习积极性
【小组讨论，实验探究，突破难点】	提问：根据你的知识和经验，下列描述体现了酒精的哪些性质？ （1）假酒；（2）“酒香不怕巷子深”；（3）高烧病人擦拭酒精或白酒降温；（4）洗发时，在水中加入适量的啤酒，洗起来清新爽快，油污一洗即净	分小组讨论得出结论，小组代表发言	联系生活经验，补充知识点，使学生对乙醇物理性质有全面的认知
	师生一起总结乙醇的物理性质：无色、透明、有特殊香味的液体，密度比水小，能跟水以任意比互溶，能溶解多种无机物和有机物，易挥发（沸点为78.5 ℃）		
1. 学习乙醇的物理性质	设疑：根据相关的价键理论，大家能否根据乙醇的分子式 C_2H_6O 写出乙醇可能具有的结构？这里有碳、氢、氧原子球和棍，让我们一起来动手拆插球棍模型，了解乙醇分子结构。然后思考如何验证其确切的分子结构	应用学过的知识提出假设，根据提示信息提出合理的设计	培养学生的动手能力，提升学生对有机化合物空间结构的认识；让学生通过探索乙醇分子结构的过程，获得成就感，为进一步学习打下基础
	提问：乙醇比乙烷的分子式多一个氧原子，如果在乙烷结构的球棍模型基础上插入一个氧原子，应该怎样组装呢？ （一是在两个碳原子中间插入一个氧原子，二是在碳原子和氢原子中间插入一个氧原子）	思考，讨论，动手拆插	
2. 探索乙醇的分子结构	展示学生作品，与学生一起运用相关理论判断其合理性。得到以下两种可能的结构。观察乙醇的比例模型，分析乙醇分子的结构 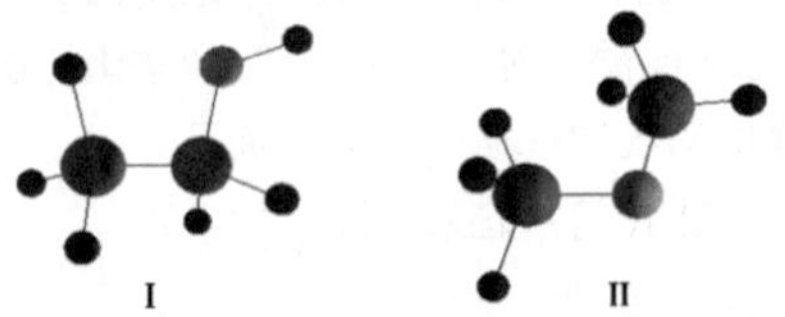 I　　II	讨论交流，仔细研究两种模型的特点	

续上表

<table>
<tr><th>教学环节与教学内容</th><th>教师活动</th><th>学生活动</th><th>设计意图</th></tr>
<tr><td rowspan="3">3. 由钠和无水乙醇的反应引入，探索乙醇的结构特点</td><td>提问：乙醇到底是什么结构呢？</td><td>根据已学知识进行初步猜测</td><td rowspan="2">带着问题做实验，激发了学生学习化学的兴趣，培养学生观能力</td></tr>
<tr><td>演示实验 3－2：钠和无水乙醇的反应。
讲述：我们回忆一下，钠可以与水反应生成氢气，乙烷不能与钠反应生成氢气。
解析：乙醇分子里有不同于烃分子里的氢存在，钠可以与水反应产生氢气，水的结构简式为：H—O—H，其中存在 O—H 键，可以类推出乙醇中也应该存在 O—H 键，所以乙醇与钠反应产生了氢气</td><td>积极思考，讨论交流，尝试解释</td></tr>
<tr><td>过渡：我们刚才做的是定性实验，还不足以证实我们的猜想，下面接着做一个定量实验，根据其结果就可以验证乙醇的结构了。
演示定量实验。
定量测定足量的钠与乙醇反应产生的氢气的体积。在烧瓶中放入几小块钠，从漏斗中缓缓滴入定量的无水乙醇。乙醇与适量钠完全反应放出的 H_2 把中间瓶子里的水压入量筒，通过测量量筒中水的体积，就可知反应是否发生</td><td>观看实验现象，思考</td><td rowspan="2">定性定量实验探究，培养学生科学严谨的学习态度</td></tr>
<tr><td>4. 演示定量实验</td><td>提问：大家思考这个实验得到的氢的数据结果与乙醇的结构是什么关系。
提示：将反应产生的氢气的体积转换成物质的量，就可计算出一摩尔的乙醇可以得到几摩尔的氢气。
小结：根据实验结果，我们验证了乙醇的结构式是Ⅰ式。大家都很聪明。乙醇和钠反应，断裂了 O—H 键，置换出了氢气。
书写化学方程式：
$2CH_3CH_2OH + 2Na = 2CH_3CH_2ONa + H_2\uparrow$</td><td>思考讨论
回答：由实验数据，一个 C_2H_6O 分子中，只有一个 H 可以被 Na 所置换，这说明 C_2H_6O 中的 6 个 H 中，有 1 个与其他 5 个是不同的。这一事实与Ⅱ式不符，而与Ⅰ式相符。因此，可以推断乙醇的结构式应为Ⅰ式</td></tr>
</table>

续上表

教学环节与教学内容	教师活动	学生活动	设计意图
	Flash 演示乙醇的分子模型以及乙醇与钠反应时的断键情况	认真观看，适时做笔记	利用动画演示微观反应机理，形象生动，有助于化解难点，使学生对于醇与钠反应的断键方式得到巩固
5. 学习官能团的概念	讲述：大家现在清楚了乙醇的结构，请试着写出乙醇的分子式、结构式、电子式以及结构简式	自主写出乙醇结构式、结构简式和电子式	
	讲解：乙醇和水都含有 O—H 键，因此都能产生氢气，水分子中的氢原子比乙醇羟基中的氢原子活泼。水中的 O—H 键更易断裂，所以钠与水反应也就更剧烈，这分别是由它们的性质决定的，性质体现了物质的结构	比较分析	比较乙醇、水分别与钠的反应。帮助学生建立结构决定性质的思维模式
	过渡：我们称—OH 为羟基，是乙醇的结构特点，是它决定了乙醇具有很多不同于烃的性质。因此我们可以说—OH 是乙醇的官能团。 讲述概念： 官能团：决定有机化合物的化学特性的原子或原子团叫作官能团。例如：羟基（—OH）、硝基（$—NO_2$）、碳碳双键、卤原子（—X）。 烃的衍生物：烃分子中的氢原子被其他原子或原子团所取代而生成的一系列化合物。 解析：其实，乙醇可以看成是乙烷的衍生物	认真听课，联想回顾前两节课所接触过的官能团	
6. 学习乙醇的化学性质	过渡：我们已学习了乙醇的分子结构及其与钠的反应，接下来我们继续学习它的其他化学性质。 实验室常用酒精作为燃料，说明酒精是可以燃烧的。 投影乙醇燃烧实验的视频	认真观看，讲述实验现象并写出反应式	把学科知识和生活紧密联系，让学生体会知识“源于生活却高于生活”

续上表

教学环节与教学内容	教师活动	学生活动	设计意图
6. 学习乙醇的化学性质	讲述：现在我们改变条件，一起完成教材实验3－3，注意观察铜丝的变化并小心闻液体的气味	操作实验：先取一干燥洁净的试管，加入2 mL无水乙醇，再将绕成螺旋状的铜丝在酒精灯的外焰上加热至红热，然后将红热的铜丝插入无水乙醇中。反复几次	锻炼学生的动手操作能力
	提问：铜丝的颜色有什么变化？试管口气味有什么变化？怎样解释这些变化？如何证明你的猜想？ 投影：乙醛是无色、具有刺激性气味的液体，有毒；密度比水小；沸点为20.8 ℃，易挥发；易燃烧；能与水、乙醇等互溶	观察实验现象，猜想，讨论，回答问题	引导学生做探究实验，由实验现象理解、内化概念，进一步理解乙醇结构
	教师引导学生讨论并得出结论：铜丝由黑变红，说明铜丝被乙醇还原，乙醇是具有还原性的，生成的新物质是乙醛。铜丝在整个反应中起催化剂作用		
	Flash演示乙醇催化氧化反应中乙醇的断键情况	认真观看视频，然后与前面乙醇与钠反应的过程做比较，讨论交流，归纳出其各自特点	有助于学生理解重难点，以及进一步巩固所学知识
	小结： 乙醇的氧化反应： ①燃烧：发出淡蓝色火焰，放出大量的热 $C_2H_6O + 3O_2 \xrightarrow{点燃} 2CO_2 + 3H_2O$ ② $2CH_3CH_2OH + O_2 \xrightarrow[\triangle]{Cu/Ag} 2CH_3CHO + 2H_2O$	做笔记	

续上表

教学环节与教学内容	教师活动	学生活动	设计意图
【学以致用】	提问：现在出台了新的交通法规，必须严惩酒后驾驶行为，那么交警判断某驾驶员酒后驾车的依据是什么？	思考	联系生活中热点问题，在生活中发现化学。让学生动手做实验，培养学生综合能力，提高学生科学素养
	讲述：检查装置中含有酸性重铬酸钾，当橙色的酸性重铬酸钾遇到乙醇时，橙色会变成绿色，由此可判断司机饮酒超过规定标准。 延伸知识：当乙醇遇到同为强氧化剂（如酸性高锰酸钾）时也被氧化为乙酸，高锰酸钾由紫红色变为无色	尝试运用所学知识解释问题	
	归纳：乙醇在我们生活中用途广泛，主要可作为：①不同浓度消毒剂；②酒的主要成分；③基本有机化工原料；④汽车燃料。	联系生活实例深化知识点	学以致用，将所学知识回归到生活当中，兼顾兴趣和知识的获取
【归纳小结，加深记忆】	根据板书，师生一同回顾本节课主要内容。本节课通过对我们熟悉的乙醇的结构和性质的探究，理解结构决定性质，性质同时也反映了结构的特征。我们要牢牢掌握这些知识，除了要善于从化学的角度看待生活中的一些问题，还要切忌不能酗酒和酒后驾车，珍爱生命		

四、教学反思

（1）本课沿着“结构—性质—用途”这一主线开展探究式教学，先让学生动手探究乙醇的分子模型，书写乙醇的分子式、结构式、结构简式，再通过对一系列的化学反应及反应中断键方式的探讨学习，通过引导学生对比乙醇与水的分子结构理解化学反应特点，强化结构决定性质的理念，然后通过设计警察如何判断驾驶员是否酒后驾车的情景，引出乙醇催化氧化反应。最后介绍乙醇在实际生活中的用途。这样的教学设计，充分体现了“学生为主体，教师为主导”的指导思想。

（2）通过实验探究、知识对比联系，引导学生去思考、发现问题，调动课堂气氛，激发了学生的积极性，提高了学生的自主学习能力。充分利用多媒体教学手段，借助微观机理的宏观化，对于学生理解抽象的反应机理帮助很大。

基于化学学科核心素养的“钠的重要化合物”的教学设计

韩山师范学院化学与环境工程学院　吴晓君

摘要：本文以“钠的重要化合物”教学为例，探索在高中化学课堂中如何从科学探究与创新精神、科学态度与社会责任的维度构建学生的科学本质观，发展学生的化学学科核心素养。

关键词：化学核心素养；钠的化合物；实验探究

一、教学背景

本节课选自人教版高中化学必修1第三章第二节“几种重要的金属化合物”第1课时“钠的重要化合物”。金属在自然界基本以化合态形式存在，因此在本章第一节介绍金属单质的性质后，第二节课将重点讲述钠、铝、铁的化合物性质，是金属化学性质的延伸和发展。钠的化合物是本章的重点内容之一，通过对钠的化合物的学习，可以加深巩固钠的知识，并对碱金属、卤素等元素化合物的学习奠定基础，故本节内容具有承上启下的作用。在历年的高考试题中，本节知识点出现的频率较高。所以，在教材中本节内容占据着非常重要的地位。

学生在初中阶段已经接触过金属钠的一些化合物，而在本章的第一节也学习了钠的化学性质，这为本节课的学习奠定了一定的基础。这个年龄阶段的青少年有着强烈的好奇心，思维活跃，喜欢实验操作，所以在新课的教授过程中，通过设疑激趣、提出问题、分析推测、实验证明、归纳小结、运用创新等小环节，让学生像小科学家一样去发现问题、思考问题，并通过实验证明，最后解决问题，使学生能更好地了解本节课内容，掌握本节课的知识点。

二、基于化学核心素养的教学目标确立

（1）通过魔术表演来创设问题情境，带着好奇与疑问走进课堂，逐步揭开魔术的谜底，养成不迷信、敢于质疑、相信科学的态度，发展“科学精神与社会责任”的化学学科核心素养。

（2）通过问题启发法和实验探究法引导学生自己思考、讨论、进行实验、作答，培养学生的自主探究和动手能力，开拓学生的思维，发展“科学探究与创新意识”的化学学科核心素养。

三、教学过程

教学过程设计如表1－1－8所示。

表 1－1－8　教学过程设计

教学环节与教学内容	教师活动	学生活动	设计意图
【魔术导入，创设情境】 表演魔术：“水能生火”和“吹气生火”	讲述：同学们，想必大家都很惊叹于电视上播放的神奇的魔术吧？看着台上的魔术师好神气，我也忍不住想当魔术师，今儿老师也来秀一把，带来了两个小魔术，不知道大家想不想看呢？	兴致大涨，充满好奇，想看老师表演“魔术”	魔术导入，激发学生探究欲望
	让学生回忆上节课做过的实验，描述 Na_2O 和 Na_2O_2 的颜色和状态，并展示药品。 用棉花包住约 0.2 g 的 Na_2O_2 粉末（不要包得太紧，尽量疏松）放在石棉网上。在石棉网上滴上几滴水，观察发生的现象。 再用棉花包住约 0.2 g 的 Na_2O_2 粉末（不要包得太紧，尽量疏松），向包着棉花团的 Na_2O_2 吹气，观察发生的现象	回答：Na_2O 为白色、固体；Na_2O_2 为淡黄色、固体。 观察小魔术，好奇、疑惑、讨论。 回答现象：棉花燃烧了。 回答现象：棉花燃烧了	借助魔术，勾起学生强烈的好奇心，吸引同学们的注意力
【实验探究，对比归纳，掌握重点】	提问：不是水灭火吗？为什么现在水能生火呢？棉花遇水是不会燃烧的，为什么用棉花包了 Na_2O_2 后遇水就会着火呢？如果我们要研究起火的原因，应从哪里入手呢？	疑惑，思考，讨论	刺激学生的求知欲，引出本课内容
	引导学生思考： 可以从棉花自燃需要两个条件（达到着火点、接触氧气）来说明： ①确定研究的对象——Na_2O_2 和 H_2O 是否反应了？ ②设计研究的方案——主要验证什么？（反应是否放热，是否产生氧气） ③方案思路：实验猜想—实验探究—实验现象—得出结论	思考，探究方案	培养学生的实验探究能力

续上表

教学环节与教学内容	教师活动	学生活动	设计意图
1. 探究实验：Na_2O_2、Na_2O 和 H_2O 的反应	操作，提问，强调实验安全注意事项： 把水滴入盛有少量 Na_2O_2 固体的试管中，立即把带火星的木条放在试管口，检验生成的气体。用手轻轻摸一摸试管外壁，有什么感觉？然后向反应后的溶液中滴入酚酞溶液，有什么现象发生？ 补充讲解： ①过氧化钠与水反应是一个放热反应，所以刚才的小魔术是过氧化钠与水反应放出的热量使棉花燃烧起来，产生的氧气又加剧使棉花燃烧。 ②滴加酚酞后溶液变红，说明有碱生成；而后溶液褪色，事实上，过氧化钠是强氧化剂，其中的氧为 -1 价，具有强氧化性，能使某些有色物质褪色，所以，过氧化钠具有漂白性，在生活中常用于漂白麦杆、羽毛、织物等	分组实验，观察实验现象，小组讨论后推选代表进行回答：有大量气泡产生，过氧化钠与水剧烈反应，并有气体生成；带火星木条复燃，证明气体是氧气；试管外壁温度升高，反应放热；酚酞试液变红后褪色，溶液变红，说明有碱生成	让学生积极参与到实验探究每个步骤中，在解疑析疑的过程中掌握知识，同时也培养学生的学习兴趣、动手能力和创新精神
	提问： （1）通过实验，我们已经知道 Na_2O_2 和 H_2O 的反应有氧气和碱生成，你能据此写出此反应的化学方程式吗？ （2）Na_2O 与水的反应会是怎样的呢？其反应与 CaO 与水的反应类似，大家可以推断出来吗？	在作业本上尝试写出反应方程式，并回答： $2Na_2O_2 + 2H_2O = 4NaOH + O_2\uparrow$ 回忆，写出：$Na_2O + 2H_2O = 2NaOH$	让学生回忆前面所学的 CaO 与水的反应，从旧知导出新知
	过渡：揭开了第一个魔术的谜底，同学们是不是很有成就感？那么第二个魔术又是怎么回事呢？为什么在第二个魔术中棉花也能燃烧呢？	思考	

续上表

教学环节与教学内容	教师活动	学生活动	设计意图
2. 探究实验：Na_2O_2、Na_2O 和 CO_2 的反应	引导：我们先回想一下生石灰 CaO，它也是一种金属氧化物，能与 H_2O 反应，也能与 CO_2 反应，那么 Na_2O_2 是不是也有相似的性质？除了可以与水反应，还能与 CO_2 反应呢？ 实验探究：在一个盛有少量碳酸钠固体的烧杯中加稀盐酸，并用镊子夹取沾有 Na_2O_2 粉末的脱脂棉伸入烧杯上部。(现象：棉花燃烧) 提问：大家有没有发现，这个实验和刚才的“吹气生火”的小魔术有什么相似之处呢？	再次分组实验，并观察实验现象。 与第二个小魔术“吹气生火”进行对比，可以得出都是 Na_2O_2 和 CO_2 发生了反应，从而得出结论：Na_2O_2 与 CO_2 也发生反应了，并放出了热量	联系已经学过的金属氧化物 CaO 的性质，类推过氧化钠的性质，从旧知引到新知
	提问：那么 Na_2O 和 CO_2 的反应呢？其反应与 CaO 与 CO_2 的反应类似，大家可以推断出来吗？	思考得出： $Na_2O + CO_2 = Na_2CO_3$	
	思考讨论： (1) $2Na_2O_2 + 2H_2O = 4NaOH + O_2\uparrow$ 和 $2Na_2O_2 + 2CO_2 = 4Na_2CO_3 + O_2\uparrow$ 这两个反应是氧化还原反应吗？化合价如何变化？ (2) 根据这两个反应，思考在实验室里应该如何保存过氧化钠？ (3) 过氧化钠在生活中有什么用途？	派代表回答： (1) 都是氧化还原反应； (2) 隔绝空气，远离易燃物，密封保存； (3) 可用于呼吸面具或潜水艇中的供氧剂以及麦杆、羽毛、织物等的漂白剂	巩固氧化还原反应的知识，遵循“从化学走向生活”这一理念，体现化学与生活息息相关

续上表

<table>
<tr><th>教学环节与教学内容</th><th>教师活动</th><th>学生活动</th><th>设计意图</th></tr>
<tr><td></td><td>引导学生比较归纳：根据以上学习和上节课所做过的实验2，比较 Na_2O、Na_2O_2 的性质，并填写表格。
<table>
<tr><th>化学式</th><th>Na_2O</th><th>Na_2O_2</th></tr>
<tr><td>颜色、状态</td><td>白色、固体</td><td>淡黄色、固体</td></tr>
<tr><td>与水反应</td><td>$Na_2O+H_2O=2NaOH$</td><td>$2Na_2O_2+2H_2O=4NaOH+O_2\uparrow$</td></tr>
<tr><td>与 CO_2 反应</td><td>$Na_2O+CO_2=Na_2CO_3$</td><td>$2Na_2O_2+2CO_2=2Na_2CO_3+O_2$</td></tr>
<tr><td>用途</td><td>—</td><td>供氧剂、漂白剂</td></tr>
<tr><td>生成条件</td><td>常温下缓慢氧化</td><td>燃烧或加热</td></tr>
</table>
</td><td>完成表格的内容</td><td>培养学生的归纳、比较能力以及自主学习能力</td></tr>
<tr><td rowspan="2">3. 学习碳酸钠和碳酸氢钠的性质</td><td>过渡：关于钠的化合物，我们已经学习了食盐 NaCl、苛性碱 NaOH 以及它的氧化物 Na_2O 和 Na_2O_2，今天我们要对钠的另外两种盐——碳酸钠和碳酸氢钠的性质做更详细的认识。它们两者有何区别呢？
展示两种药品</td><td>观察药品的外观，回答：碳酸钠是白色粉末；碳酸氢钠是细小白色晶体</td><td>复习旧知识</td></tr>
<tr><td>提问：请同学们思考以下几个问题：
（1）碳酸钠、碳酸氢钠的溶解度大小如何？两者溶液的酸碱性又如何？
（2）Na_2CO_3 和 $NaHCO_3$ 的热稳定性如何？
（3）碳酸钠、碳酸氢钠分别与稀盐酸反应，反应速度谁快谁慢呢？</td><td>思考</td><td>培养学生的实验探究能力</td></tr>
</table>

续上表

<table>
<tr><th>教学环节与教学内容</th><th>教师活动</th><th>学生活动</th><th>设计意图</th></tr>
<tr><td></td><td>根据课本 P56 的科学探究，边演示实验，边引导学生解决以上问题。
演示实验 1：在两支试管中分别加入少量的 Na_2CO_3 和 $NaHCO_3$ 各约 1 g。
（1）观察两者外观上的细小差别，分别滴入几滴水，振荡试管，观察现象。走下讲台，向学生展示两支试管，让学生用手摸摸试管底部，问学生有什么感觉。（两者溶解是放热还是吸热?）
（2）继续向两支试管中分别加入 10 mL 水，用力振荡，有什么现象?（通过两者的溶解情况，比较两者的溶解度大小）
（3）向两支试管内分别滴入 1 ~ 2 滴酚酞溶液，观察各有什么现象产生?
引导学生将实验结论填写于课本 P56 的第一个表格中。
<table>
<tr><th>步骤</th><th>Na_2CO_3</th><th>$NaHCO_3$</th></tr>
<tr><td>①</td><td>溶于水放热</td><td>溶于水放热</td></tr>
<tr><td>②</td><td>溶解度较大</td><td>溶解度较小</td></tr>
<tr><td>③</td><td>溶液显碱性</td><td>溶液显碱性</td></tr>
<tr><td>初步结论</td><td colspan="2">Na_2CO_3 的溶解度比 $NaHCO_3$ 大，两者溶解都放热，溶液都呈碱性</td></tr>
</table></td><td>带着问题观察实验现象，回答：
①可以感觉到两支试管底部稍微发热，判断两者溶解是放热的。
②Na_2CO_3 的溶解度大于 $NaHCO_3$ 的溶解度。
③两支试管中溶液都变红，两者的水溶液都呈碱性</td><td></td></tr>
<tr><td></td><td colspan="2">师生齐归纳：碳酸钠的溶解度比碳酸氢钠大，二者溶液都呈碱性</td><td></td></tr>
</table>

续上表

<table>
<tr><th>教学环节与教学内容</th><th>教师活动</th><th>学生活动</th><th>设计意图</th></tr>
<tr><td></td><td>
过渡：碳酸氢钠的溶液呈碱性，这也是为什么浓硫酸若溅到皮肤上应立即先用抹布擦去，再用大量的水冲洗，残留在皮肤深处的酸可用对皮肤无刺激性的碳酸氢钠药膏涂抹的原因。
演示实验2：比较 Na_2CO_3 和 $NaHCO_3$ 的热稳定性。
讲述：如课本中 P56 图 3 – 13 所示，分别用 Na_2CO_3 和 $NaHCO_3$ 进行加热，但我将此实验进行了改进。因为实验 2 是 Na_2CO_3 和 $NaHCO_3$ 先后进行加热的，实验对比性不是很强，于是进行如下图所示改进，让其同时进行，增强其实验现象的对比效果。
请同学们观察现象，这一反应用来鉴别 Na_2CO_3 和 $NaHCO_3$，在 P56 第二个表格记录实验现象。
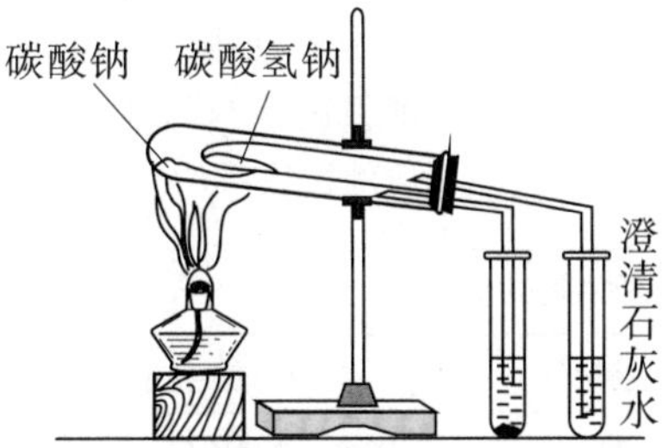

加热碳酸钠和碳酸氢钠装置图
<table>
<tr><th>物质</th><th>现象</th><th>反应方程式</th><th>结论</th></tr>
<tr><td>Na_2CO_3</td><td>无明显现象</td><td>—</td><td>热稳定性好</td></tr>
<tr><td>$NaHCO_3$</td><td>生成的气体使澄清石灰水变浑浊</td><td>$2NaHCO_3 = Na_2CO_3 + H_2O + CO_2\uparrow$</td><td>加热分解</td></tr>
</table>
</td><td>
观察实验现象，并填表。
①没有明显现象，加热条件下不发生反应，说明热稳定性好。
②澄清石灰水变浑浊，说明加热条件下发生了分解反应，产生了 CO_2
</td><td>改进实验，拓展学生的思考空间和视野范围</td></tr>
</table>

续上表

教学环节与教学内容	教师活动	学生活动	设计意图
	师生齐归纳：碳酸钠受热没有变化，热稳定性好，碳酸氢钠受热放出了二氧化碳		
	演示实验3：Na_2CO_3和$NaHCO_3$与酸的反应。 取两支试管，分别加入适量的Na_2CO_3和$NaHCO_3$粉末，再分别滴加适量的稀盐酸。（观察气泡的产生速度）	观察实验现象，可以看到Na_2CO_3和$NaHCO_3$都能与稀盐酸剧烈反应，但碳酸氢钠与稀盐酸反应更剧烈	学生和老师一起就实验现象进行分析归纳
	师生齐归纳：碳酸钠和碳酸氢钠都能与稀盐酸剧烈反应，但碳酸氢钠与稀盐酸反应更剧烈		
	引导学生思考讨论： （1）碳酸钠、碳酸氢钠与酸的反应是离子反应，尝试写出它们的离子方程式。 （2）为什么碳酸钠与酸反应比碳酸氢钠与酸反应更慢？从微观上如何解释？ （播放多媒体动画：碳酸根离子与氢离子反应的过程）	写出离子方程式： $CO_3^{2-}+2H^+ = CO_2\uparrow+H_2O$ $HCO_3^-+H^+ = CO_2\uparrow+H_2O$ 观看动画，认识碳酸根离子与氢离子反应的过程	媒体动画可以让学生更形象直观、深刻地认识碳酸根离子与氢离子反应的过程
	比较归纳：碳酸钠和碳酸氢钠性质的比较		

物质	碳酸钠	碳酸氢钠
化学式	Na_2CO_3	$NaHCO_3$
俗名	纯碱、苏打	小苏打
颜色、状态	白色粉末	细小白色晶体
溶解性（比较）	易溶	易溶，溶解度比Na_2CO_3小
热稳定性（比较）	稳定	加热分解
与酸反应快慢、反应方程式	$Na_2CO_3+HCl = NaHCO_3+NaCl$（剧烈）	$NaHCO_3+HCl = NaCl+H_2O+CO_2$（更剧烈）

续上表

教学环节与教学内容	教师活动	学生活动	设计意图
4. 碳酸钠和碳酸氢钠性质的应用	提示引导学生思考问题： （1）如何鉴别碳酸钠和碳酸氢钠？ （可以从两者的热稳定不一样以及两者和酸的反应速度不同入手，加热分解的是碳酸氢钠，与酸反应较剧烈的是碳酸氢钠，反之则是碳酸钠） （2）根据以上学习，碳酸钠、碳酸氢钠如何进行相互转化？其反应条件如何？反应方程式如何书写？（$2NaHCO_3 = Na_2CO_3 + H_2O + CO_2\uparrow$，加热）	思考，讨论，回答	“运用思考”的设计，使学生对本节课所掌握的知识得到巩固深化
5. 学习焰色反应	多媒体展示图片：点燃过节用的有鲜艳色彩的焰火。 提问：同学们想过为什么焰火会出现这些鲜艳的色彩吗？现在让我们一起来看看这个实验视频。（考虑到实验的危险性，所以不安排学生分组实验，只观看视频实验）	学生在欣赏美丽浪漫的烟花的同时感到好奇、疑惑：为什么会有不同的色彩产生呢？ 观看视频实验	从学生日常生活的常见现象入手，持续学生的注意力，并引发学生的思考
	讲解：根据实验视频边对实验操作进行讲解和强调：很多金属或它们的化合物在灼烧时会使火焰呈特殊的颜色，这在化学上叫作焰色反应。焰色反应用于鉴别金属元素。（焰色反应的注意点：如果观察金属钾的焰色反应，要透过蓝色钴玻璃观察火焰的颜色）	认真听课	
【归纳总结，课外延伸，提升思维】	小结：学了这节课，大家对于钠的几种重要化合物 Na_2O、Na_2O_2、Na_2CO_3、Na_2HCO_3 的性质应该有了更深一步的认识。现在我们来回忆一下这节课我们学习了什么，哪些是我们应该重点掌握的。（根据前面所填表格的内容，对这几种物质进行小结，并强调重点）	根据前面所填表格的内容，一起复述各知识点并做记忆	使学生了解本节课的重点知识，加强系统化记忆。 让学生感受化学与生活息息相关
	布置作业： 一个家庭小实验：用实验证明发酵粉加水或加热都会产生二氧化碳	讨论，相互交流，自主探究	

四、教学反思

本节课通过对教材的分析和学生学情的把握，运用新课程理念进行教学设计，体现了新课标要求的“从生活走进化学，从化学走向社会”的思想，也坚持以学生为主体，教师为辅，从家喻户晓的魔术师刘谦引入，吸引学生的注意力，再通过两个关于过氧化钠的小魔术，引起学生的好奇和兴趣，进而引导学生进行探究、讨论交流，发展学生“科学探究与创新意识”的化学学科核心素养，并利用表格进行归纳总结，使学生比较快速掌握氧化钠和过氧化钠、碳酸钠和碳酸氢钠的性质。让学生在探索中思考、获得知识，在讨论交流中使知识得到深化，在学习的过程中获得快乐的体验，从而促进学生更好地学习。

以化学核心素养为本的“农业化肥——铵盐”的教学设计

韩山师范学院化学与环境工程学院　许晓琳

摘要：本文以“农业化肥——铵盐”教学为例，以化学核心素养为本，围绕实验与课程结合，设计以“实验串”的形式进行教学，优化了教师与学生之间的课程互动，让学生更系统地学习和梳理该课时的知识，从而使整个教学内容更加具体化、程序化、分步化，使其条理清晰并且环环相扣，高质量地完成教学。

关键词：铵盐；化学核心素养；实验串

在教学中，化学应该以核心素养为本，将落脚点放在课堂教学设计和实施上，以此来引导学生形成化学认识视角和认识思路，发展学生高阶思维。

一、教学背景

“铵盐”是选自人教版高中化学必修 1 第四章第四节第 1 课时“氨”中的内容。根据国家课程标准要求：学生要了解常见铵盐的名称及化学式；知道铵盐的性质；掌握氨的实验室制法；了解氮循环对生态平衡的重要作用。铵盐及其产品是工农业生产生活中重要的化工产品，学习掌握铵盐的性质对今天的工作生活有重要的意义。

本课时采用“实验串”的方式，通过对氨溶于水的过程的学习，进一步巩固可逆反应，并引出铵盐受热易分解、与碱的反应和铵根离子的检验、实验室制氨气的知识，通过实验得出结论，再归纳铵盐的共性，然后采用讨论与实验的方式，总结出检验铵根离子的方法。

本节课是对前面知识氨的性质的延伸，又为后面学习硝酸等奠定了重要的基础，起到承上启下的作用。采用“实验串”的方式对已学的氨的内容进行复习，对新知识铵盐内容进行学习，促进学生对化学知识的理解和掌握，在学习化学的过程中牢固树立元素转化观、守恒观和绿色化学观。

高一学生在学习了卤族、氧族、碱金属后，具备了一定的元素化合物知识，对于抓住“结构—性质—用途”这条主线的学习方法已经比较熟悉。他们初步掌握了某些基本实验基础技能，且思维活跃，喜欢挖掘问题本质，实验动手能力方面比较缺乏，缺少将理论知识转为实践的机会，因此本教学设计以此为契机，通过创设教学情境，引导学生进行实验探究，激发学习主动性，培养严谨的科学态度。

二、基于化学核心素养的教学目标确立

（1）通过探究铵盐的“实验串”，分析现象原因，学习反应方程式，发展“宏观辨识与微观探析”的化学学科核心素养。

（2）通过“实验串”的方式对已学的氨的内容进行复习，对新知识铵盐内容进行学习，促进对化学知识的理解和掌握，在学习化学的过程中牢固树立元素转化观、守恒观和绿色化学观。

（3）通过联系铵盐的结构和铵盐与碱反应产生氨气的性质，构建结构决定性质的化学认识模型。

（4）通过设计实验，探究铵盐的化学性质，体验科学探究的乐趣，养成严谨求实的科学态度。

（5）在学习化学肥料的同时，学会关心农业问题、粮食问题，了解化肥工业的发展及化肥使用状况，通过对科学使用化肥、防止浪费、防止污染的讨论，增强绿色化学的理念，注重社会责任感的教育，发展“科学精神与社会责任”的化学学科核心素养。

三、教学过程

教学过程设计如表 1－1－9 所示。

表 1－1－9　教学过程设计

教学环节与教学内容	教师活动	学生活动	设计意图
【生活导入，引出新课】	播放歌曲《希望的田野》片段，边播放边视频展示春种秋收的画面。 讲述：“庄家一枝花，全靠肥当家”这句话什么意思？2008 年国家科学技术奖、进步奖获得者徐光宪院士有一句名言：20 世纪科学家最大贡献之一是化学家对粮食增产的贡献，化肥对粮食的增产使 15 亿人免受饥饿。农作物生长时需要大量的氮、磷、钾肥，如果缺少这些营养元素，农作物就会得“病”。 提问：为了让农作物生长得更好，农民常用的化肥有哪些？	聆听、思考，回答：常见化肥有氮肥、磷肥、钾肥等	赞赏化学对改善个人生活和促进社会发展的积极作用，关注与化学有关的社会问题

续上表

<table>
<tr><th>教学环节与教学内容</th><th>教师活动</th><th>学生活动</th><th>设计意图</th></tr>
<tr><td rowspan="2">【生活导入，引出新课】</td><td>讲述：氮肥作为化学肥料中的主角，为粮食的增产做出了重要贡献，是提高粮食产量的手段之一。考虑到将来的粮食问题，为了使子孙后代免于饥饿，我们可以寄希望于化学家能实现大气固氮和工业固氮（即以游离态的氮转化为氮的化合物），以此来生产大量氮肥</td><td>回忆大气固氮、工业固氮的知识</td><td rowspan="2">让学生了解化肥在工农业生产中的重要性，体现“从生活学习化学，从化学回归生活”的理念</td></tr>
<tr><td>追问：那么化合态的氮有哪几种？</td><td>回答：氨、铵盐、硝酸盐等</td></tr>
<tr><td rowspan="4">【立足实验，联系生活，创设情境，攻克难点】
演示实验 1：课堂演示实验：氨易溶于水</td><td>过渡：我们一起回顾上一节课所学的氨的有关性质，你知道氨有哪些性质吗？</td><td>回忆，思考</td><td></td></tr>
<tr><td>演示实验 1：氨溶于水。
讲述：NH_3 溶于水生成 $NH_3 \cdot H_2O$，使得烧瓶内气体的压强急剧减小，即发生反应 $NH_3 + H_2O \rightleftharpoons NH_3 \cdot H_2O$；在大气压的作用下，烧杯中的溶液（含酚酞）被压到烧瓶中形成美丽的喷泉。烧瓶中的溶液呈红色的原因是：$NH_3 \cdot H_2O \rightleftharpoons NH_4^+ + OH^-$，使得溶液呈碱性，酚酞遇碱变红</td><td>氨的有关性质：有刺激性气味，易溶于水；氨水有弱碱性，使酚酞变红或使湿润的红色石蕊试纸变蓝</td><td>通过对氨溶于水的过程的学习，巩固可逆反应的知识</td></tr>
<tr><td>过渡：氨水作为一种肥料，但根据其性质，我们知道氨水受热易分解，在运输和使用中有诸多不便，所以人们常将其制成铵盐</td><td></td><td rowspan="2">引起学生注意，帮助学生解决学习误区，区别氨与铵的难点</td></tr>
<tr><td>解说：氨与铵的区别：
氨：NH_3 是一种单质气体。
铵：NH_4^+ 是一种原子团，它必须出现在它与其他元素形成的化合物中</td><td></td></tr>
</table>

续上表

<table>
<tr><th>教学环节与教学内容</th><th>教师活动</th><th>学生活动</th><th>设计意图</th></tr>
<tr><td rowspan="2">演示实验 2：铵盐的生成</td><td>过渡：本节课主要学习铵盐，你知道有哪些铵盐吗？</td><td>$(NH_4)_2SO_4$、NH_4Cl、NH_4HCO_3、NH_4NO_3等</td><td></td></tr>
<tr><td>演示实验 2：
从烧瓶中取 10 mL 红色溶液（即演示实验 1 的溶液）与盐酸反应：$NH_3 \cdot H_2O + HCl \xlongequal{} NH_4Cl + H_2O$，实现 $NH_3 \cdot H_2O \rightarrow NH_4Cl$ 的转化并得到了 NH_4Cl 稀溶液。
提问：铵盐的性质如何？
创设情境1：从前，有一个农民看到自己买的几袋碳胺（NH_4HCO_3）化肥受了潮，就把它放在太阳底下晒了较长一段时间，结果只剩下几只空空的袋子。他很纳闷：为何化肥会消失呢？这是否与其性质有关？
引导学生猜想</td><td>思考

猜想：铵盐受热易分解</td><td></td></tr>
<tr><td rowspan="2">探究实验 1：铵盐受热易分解</td><td>引导学生进行实验探究</td><td>进行实验探究：
（1）取少量烧瓶中的溶液（即演示实验 2 的溶液）于小试管中小心加热。
（2）观察发生的现象，实验结束后用一团湿润的棉花塞住试管口，防止氨气泄漏</td><td rowspan="2">（1）让学生认识铵盐易分解；
（2）训练学生规范的实验操作技能；
（3）将化学与生活应用进行结合</td></tr>
<tr><td colspan="2">与学生一起总结实验现象：产生刺激性气味的气体，化学方程式为：
$NH_4Cl \xlongequal{\triangle} NH_3\uparrow + HCl\uparrow$
拓展：常见铵盐受热分解的化学方程式：
$NH_4HCO_3 \xlongequal{\triangle} NH_3\uparrow + H_2O + CO_2\uparrow$
$(NH_4)_2SO_4 \xlongequal{\triangle} 2NH_3\uparrow + H_2SO_4$</td></tr>
</table>

续上表

教学环节与教学内容	教师活动	学生活动	设计意图
探究实验1：铵盐受热易分解	追问：我们现在已经了解铵盐易分解，而氮肥是以铵盐的形式存在的，思考以下问题： （1）农民在晴天的中午施用 NH_4HCO_3 合适吗？ （2）在土壤表层施用铵态氮肥正确吗？为什么？ （3）总结铵态氮肥在保存和施用过程中的注意事项	思考，回答： （1）不合适。中午温度高，要防止铵盐受热分解。 （2）不正确，要防止 NH_3 逸出。 （3）铵态氮肥保存和施用过程中的注意事项：避光、密封保存；在早上、傍晚、阴天或小雨后施用效果更佳；为防止 NH_3 逸出，应深施	
	创设情境2：农民了解氮肥的保存和使用后，他还知道不只氮肥对庄稼有益，钾肥对庄稼也是有益的。所以他想：如果两者同时施用的效果是否会更好呢？于是，这个农民就在稻田中同时施用了铵态氮肥和钾肥草木灰（呈碱性），结果秋收时发现，稻田产量比之前直接用氮肥施用的产量低，这是为什么呢？	思考	
	提问： （1）上述的铵盐与碱性物质草木灰可以混合使用吗？ （2）为什么铵态氮肥（NH_4^+）不宜与草木灰混合（呈碱性）使用？	猜测：已知氨水呈弱碱性：$NH_3 \cdot H_2O \rightleftharpoons NH_4^+ + OH^-$。若逆向思考，$NH_4^+$ 与 OH^- 能否反应生成 NH_3 和 H_2O？	

续上表

教学环节与教学内容	教师活动	学生活动	设计意图
探究实验2：铵盐与碱的反应		取一支试管，加入2 mL烧瓶中的氯化铵溶液（即演示实验2的溶液），再加入2 mL氢氧化钠溶液，在酒精灯上加热试管，用湿润的红色石蕊试纸放在试管口，观察现象。讨论氯化铵与氢氧化钠反应的产物	
NH_4^+的检验	师生共同总结实验现象：加热的氯化铵和氢氧化钠溶液能使湿润的红色石蕊试纸变为蓝色。发生如下反应： $NH_4Cl + NaOH \xlongequal{\triangle} NH_3\uparrow + NaCl + H_2O$ 用离子方程式表示： $NH_4^+ + OH^- \xlongequal{} NH_3\uparrow + H_2O$ 这表明了铵态氮肥与草木灰（呈碱性）混合使用会失效的原因，解释了铵态氮肥与草木灰（呈碱性）不宜混合使用		对铵盐遇碱反应实质进行理解
实验室制氨气	提问：根据刚才所学的铵盐遇碱产生氨气的性质，思考可如何检验NH_4^+？ 证明有NH_3生成有两个方法： （1）如能使湿润的红色石蕊试纸变蓝，则有NH_4^+； （2）如遇到浓盐酸的玻璃棒产生白烟，则有NH_4^+	回答：铵盐遇碱产生氨气的性质，可通过检验反应生成的氨气来证明NH_4^+的存在	巩固铵盐的性质知识，突破本节NH_4^+检验的难点
	播放视频：铵盐与碱反应可产生氨气，实验室常利用此方法制氨。 $2NH_4Cl + Ca(OH)_2 \xlongequal{\triangle} CaCl_2 + 2H_2O + 2NH_3\uparrow$		

续上表

教学环节与教学内容	教师活动	学生活动	设计意图
	对加热氯化铵与氢氧化钙的混合物制取氨的实验装置进行介绍：①试管夹应夹在距试管口1/3处；②试管口应略向下倾斜，由于反应产生水，防止水倒流，使试管爆裂；③用向下排空气法收集氨气，不能用排水集气法收集氨气，因为氨气易与水反应	根据视频的实验演示，进行分组动手操作	培养学生的实验观察、动手能力
【布置任务】	（1）让学生课后收集关于化肥的应用的功与过的资料，下节课进行讨论。 （2）布置相应的习题练习	课后完成任务	促进学生进行自主学习

四、教学反思

（1）本节课采用的“实验串”的教学设计，体现了绿色化学的思想，学生在递进式的实验设计中掌握了从$NH_3 \rightarrow NH_3 \cdot H_2O \rightarrow NH_4Cl \rightarrow NH_3 \cdot H_2O \rightarrow NH_3$的转化，为学生系统掌握该知识打下良好的基础，同时形成N元素的转化观和守恒观。对高一学生而言，上述的转化过程可归纳为以下流程图：

NH_3产→ 生喷泉实验即得到稀氨水 —足量稀盐酸→ NH_4Cl溶液 —NaOH溶液/加热→ NH_3 → 用湿润的红色石蕊试纸检验

（2）本课时结合创设情境，促使学生深入探究。通过“创设情境→提出问题→大胆猜测→实验验证→总结→推广应用”教学模式进行教学。通过一位农民对化肥的使用和保存所遇到的问题，让学生进行大胆猜测，再通过实验验证，然后教师进行实验总结，并利用铵盐的性质引导学生学会推广应用，体会“化学来源于社会实践，学习化学是为解决社会实际问题”，培养学生综合分析能力和解决问题的能力。

以化学核心素养为本的“乙炔”的教学设计

韩山师范学院化学与环境工程学院　许晓龄

摘要：本文以“乙炔”教学为例，探索在高中化学课堂中如何从科学探究与创新意识、科学精神与社会责任的维度构建学生的科学本质观，发展学生的化学学科核心素养。

关键词：学科核心素养；乙炔；实验探究

一、教学背景

本课题选自人教版高中化学选修5第二章第一节“脂肪烃”第2课时的内容，是在学生学习了烷烃和烯烃的典型代表物——甲烷和乙烯之后，向学生介绍炔烃的典型代表物乙炔。通过对乙炔结构、实验室制法、性质的学习，让学生进一步掌握不饱和烃的性质，引导学生掌握学习有机化学的基本方法——结构决定性质，性质反映结构；通过介绍乙炔的用途，让学生进一步感受到化学世界的魅力。

本阶段的学生已经掌握了学习化学物质结构、性质和用途的学习方法，具备了学习有机化合物知识的基础，学习化学的积极性、主动性高，乐于参与化学实验，有一定的实验探究能力及动手能力。

二、基于化学核心素养的教学目标确立

（1）通过让学生制作乙炔的球棍模型，培养学生的自主动手能力；通过让学生自主进行小组探究实验，培养学生的合作意识以及实验探究、动手能力，发展“科学探究与创新意识”的化学学科核心素养。

（2）通过向学生展示日常生活中常见的乙炔制品的图片，在教学过程中多次联系生活实际，突出了“让生活走进化学，让化学走向社会”的新课程教学目标，充分调动学生对学习化学的兴趣，能够认识到有机化学在科学生产、人类生活和社会经济发展中的巨大作用，发展“科学精神与社会责任”的化学学科核心素养。

三、教学过程

教学过程设计如表1－1－10所示。

表1－1－10　教学过程设计

教学环节与教学内容	教师活动	学生活动	设计意图
【联系生活导入，激发学生学习兴趣】	讲述：同学们，在开始上课之前，请大家先观看一组图片。 第一幅图片是塑料玩具，第二幅图片是温室的大棚，第三幅图片是塑料管，第四幅图片则给我们展示了金属焊接的画面。其实这几种相关的物质都跟我们这节课所要学习的内容——乙炔有关。 	观察图片，集中注意力	通过图片展示，引出新课题，激发学生的好奇心以及学习的主动性

续上表

<table>
<tr><th>教学环节与教学内容</th><th>教师活动</th><th>学生活动</th><th>设计意图</th></tr>
<tr><td rowspan="3">【制作模型，实验探究，联系实际】</td><td>过渡：乙炔是一种我们非常熟悉的气体，平时我们所说的“电石气”的主要成分就是乙炔。
讲解：乙炔是最简单的炔烃，是无色、无味的气体，微溶于水，易溶于有机溶剂</td><td>认真听课</td><td>通过联系实际，对乙炔的物理性质形成相对完整的认识</td></tr>
<tr><td>讲述：乙炔是一种含有碳碳三键的脂肪烃，这类烃称为炔烃。
引导学生进行探究：现在，请大家结合所给信息，以小组为单位：
（1）用橡皮和牙签表示乙炔的球棍模型；
（2）写出乙炔的分子式、结构式、结构简式、电子式</td><td>小组探究：小组内经过讨论制作出乙炔的球棍模型，并通过观察乙炔的球棍模型写出其分子式、结构式、结构简式、电子式</td><td>通过制作球棍模型的探究，让学生对 C≡C 的结构有直观的认识</td></tr>
<tr><td>讲述：从同学们制作的乙炔的球棍模型我们可以看出，乙炔为直线型分子。请大家试着写出乙炔的分子式、结构式、结构简式以及电子式。
待学生书写完后，再进行点评指导</td><td>思考并书写：
分子式：C_2H_2；
结构式：
H—C≡C—H；
结构简式：
HC≡CH；
电子式：
H：C⋮ ⋮H：C</td><td>先让学生写，再进行点评指导，加深了学生对乙炔分子结构的记忆</td></tr>
<tr><td>1. 认识碳碳三键</td><td>PPT 展示：
<table><tr><th>键参数 \ 物质</th><th>乙烷
C—C
（单键）</th><th>乙烯
C═C
（双键）</th><th>乙炔
C≡C
（三键）</th></tr><tr><td>键长
（10^{-10}m）</td><td>1.54</td><td>1.33</td><td>1.20</td></tr><tr><td>键能
（KJ/mol）</td><td>348</td><td>615</td><td>812</td></tr><tr><td>键角</td><td>109°28′</td><td>120°</td><td>180°</td></tr></table>讲述：请同学们看一下 PPT 上面的表格，认真思考并在小组内讨论对碳碳三键的认识</td><td>思考，讨论：
（1）C≡C 键能和键长并不是 C—C 的三倍，也不是 C═C 和 C—C 之和。说明 C≡C 中有两个键不稳定，容易断裂，有一个键较稳定。
（2）含有三键结构的相邻四个原子在同一直线上</td><td>用数据说话，让学生在讨论交流中认识碳碳三键</td></tr>
</table>

续上表

<table>
<tr><th>教学环节与教学内容</th><th>教师活动</th><th>学生活动</th><th>设计意图</th></tr>
<tr><td rowspan="3">2. 探究乙炔的实验室制法</td><td>PPT 展示新闻导读：2011 年 10 月 12 日上午，湖北省襄阳某电器厂门口一辆装载 37 吨电石的挂车发生火灾。只见事故现场上方浓烟滚滚，刺鼻的气味扑面而来。由于电石遇水燃烧爆炸，消防官兵一边清理货车周围电石火，一边联系水泥罐车到场协助处置。经过一个小时的奋战，挂车上的电石明火终于被扑灭，为防止电石二次燃烧，消防官兵再次用水泥对电石进行了覆盖</td><td>观看视频，思考</td><td rowspan="2">拉近化学与生活的距离，古籍文献激发学生的求知欲，进一步提出问题让学生进行思考讨论，提高学生的分析能力</td></tr>
<tr><td>讲述：其实，在我国古代早有“器中放石几块，滴水则产气”的记载，而这也是乙炔为什么又叫“电石气”的原因。
提问：同学们，联系文献记载以及新闻播报的内容，大家能得出乙炔的什么知识？</td><td>思考，回答：用电石和水反应可制乙炔气体</td></tr>
<tr><td>讲述：乙炔微溶于水，因此，电石与水生成的乙炔气体会挥发到空气中，遇明火容易造成二次爆炸，这也是在运输电石的过程中要注意防水的原因。由此我们可以知道，乙炔的制备的原理是：
$CaC_2 + 2H_2O \rightarrow Ca(OH)_2 + C_2H_2 \uparrow$
追问：结合上面所给的材料，请大家思考：
（1）制乙炔的反应和以前学过的哪些气体的制备反应的特点相似？
（2）选择制备乙炔所需的实验装置。
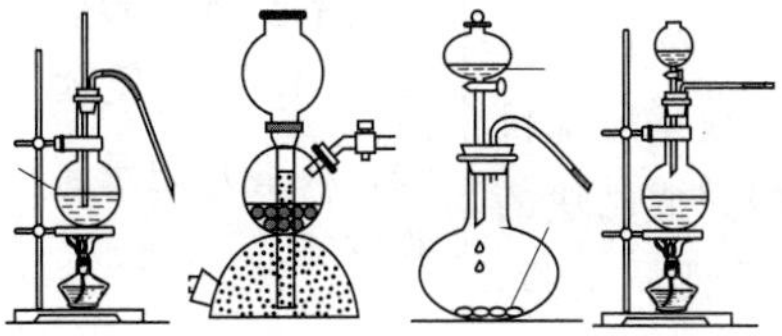
装置1 装置2 装置3 装置4</td><td>回忆、思考、回答：
（1）制备乙炔的反应和制备 H_2、CO_2 的反应的特点相似，都是固体加液体的反应。
（2）制备乙炔应选用实验装置 3</td><td>让学生在思考回忆的过程中总结概括出乙炔反应的特点以及选出制备乙炔所需的实验装置</td></tr>
</table>

续上表

教学环节与教学内容	教师活动	学生活动	设计意图
	提问：同学们都已经通过分析思考选出了制备乙炔的实验装置，我们再结合乙炔的物理性质，看看可以用什么方法来收集乙炔气体？	思考回答： （1）乙炔的密度比空气小，可以用向下排空气法收集。 （2）乙炔微溶于水，可以用排水法收集	引导学生探究气体收集方法
	PPT信息展示： （1）电石与水的反应很剧烈。 （2）电石中含有少量硫化钙、砷化钙、磷化钙等杂质，与水作用时生成的H_2S、AsH_3、PH_3等气体有特殊的气味。 （3）$H_2S + CuSO_4 \rightarrow CuS\downarrow + H_2SO_4$ （4）乙炔能使酸性高锰酸钾酸性溶液和溴的四氯化碳溶液褪色		信息展示为下面学生小组实验探究实验“乙炔的实验室制备”和“乙炔的性质实验”做铺垫
	师生一起总结：乙炔分子中的碳碳三键不仅决定了乙炔分子的构型，也决定了乙炔的化学特性，因此，碳碳三键就是乙炔的官能团		
	引导学生进行探究实验。 讲述：现提供的仪器、药品有：圆底烧瓶、分液漏斗、玻璃管、橡皮管、玻璃连接管（若干）、水槽、试管（若干）、试管架、块状电石、饱和食盐水、硫酸铜溶液、高锰酸钾酸性溶液以及溴的四氯化碳溶液。请同学们根据所提供的实验仪器与药品，小组内完成乙炔的实验室制取实验以及乙炔的性质实验。注意：在实验过程中要注意安全！	分组进行实验探究：利用所提供的仪器进行C_2H_2的实验室制备实验以及C_2H_2的性质实验，观察并记录实验现象	培养实验观察能力和分析能力，提高和发展学生的实验技能和思维能力

续上表

教学环节与教学内容	教师活动	学生活动	设计意图
	讲述：接下来我们请各小组代表上来汇报他们在做实验的过程中观察到的实验现象	汇报1：用水与电石反应生成乙炔的速率快，不好控制，改用饱和食盐水与电石反应则能得到平稳的乙炔气流。 汇报2：产生的气体没有先通过硫酸铜溶液时有刺鼻气味，通过之后则没有。 汇报3：乙炔气体能使酸性高锰酸钾溶液和溴的四氯化碳溶液褪色。 汇报4：点燃验纯之后的乙炔，乙炔在氧气中燃烧有明亮火焰，有大量黑烟生成	
	小结： （1）电石与水的反应是很剧烈的，因此，在制备乙炔时，为了减缓电石与水的反应速率，可以采用以下两种方法：①滴加饱和食盐水而不直接滴加水；②选用块状电石而不是粉末状。 （2）用电石和水反应制取乙炔时，因电石中含有少量硫化钙、砷化钙、磷化钙等杂质，与水作用时生成 H_2S、AsH_3、PH_3 等气体，故应用硫酸铜溶液洗气		通过小结归纳出实验室制备乙炔的注意事项，让学生对乙炔的实验室制备有更深的认识

续上表

教学环节与教学内容	教师活动	学生活动	设计意图
3．学习乙炔的加成反应	过渡：乙炔使溴的四氯化碳溶液褪色，这究竟发生了什么反应？ 提示：在乙炔分子中有一个碳碳三键，碳碳三键中有两个键不稳定，容易断裂，有一个键较稳定	思考，回答：发生了加成反应	
	小结：乙炔分子的碳碳三键中不稳定的两个键发生断裂，同时，Br_2分子之间的单键也发生断裂并连接到乙炔分子上，因此，乙炔使溴的四氯化碳溶液褪色实际上是发生了加成反应	总结，做笔记	
	播放动画：乙炔与溴的加成反应。 提问：从动画中我们知道，这个反应有两种加成产物，而且实验事实证明这两种产物都有，说明什么问题？	回答：说明乙炔既可以发生1∶1的加成反应，又可以发生1∶2的加成反应	
	讲述：乙炔分子有一个碳碳三键，碳碳三键的不饱和程度比乙烯的碳碳双键大，因此，乙炔既可以发生1∶1的加成，又可以发生1∶2的加成。我们可以通过控制反应物的用量来生成我们所需要的物质。 提问：参照乙烯与溴水的加成反应，完成乙炔与溴水的加成反应，并命名	比较书写得出： 1，2－二溴乙烯： 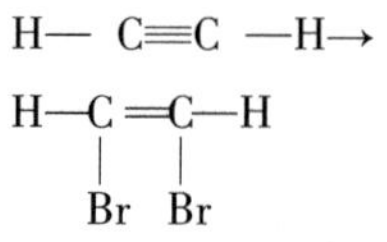 1，1，2，2－四溴乙烷： 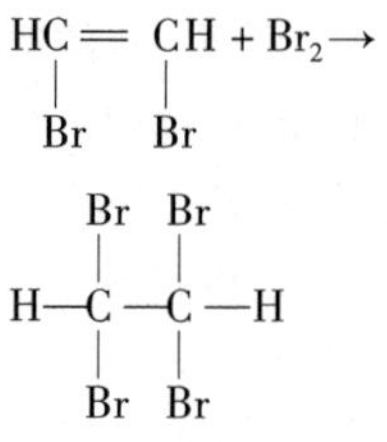	引导学生注意知识之间的联系与区别，学会比较的学习方法，加深学生对加成反应的理解
	启发学生思考：乙炔除了能与溴水发生加成以外，还能与哪些物质发生加成反应呢？	回答：与氢气、氯化氢、水等发生加成	

续上表

教学环节与教学内容	教师活动	学生活动	设计意图
	布置练习：请分别写出下列物质在催化剂、加热条件下的反应方程式： （1）乙炔与氢气发生1∶2加成； （2）乙炔与氯化氢发生1∶1加成。 点评讲解： （1）乙炔与氢气发生1∶2加成，生成乙烷，通过加成反应把不饱和烃变成饱和烃； （2）乙炔与氯化氢发生1∶1加成，生成氯乙烯，这个反应是工业上生产聚氯乙烯的首要步骤。 注意：在书写有机化学反应方程式时要表明反应条件，条件不同，生成产物也不同	进行练习	通过让学生写出乙炔与氢气、氯化氢按不同比例加成的化学方程式，检验学生对知识的掌握程度，培养学生举一反三的能力
4. 乙炔的氧化反应	提问：乙炔与溴发生了加成反应，那么乙炔和高锰酸钾酸性溶液又可以发生什么反应？	思考讨论	
	讲述：高锰酸钾具有强氧化性，而乙炔具有还原性，两者之间可以发生氧化还原反应。 乙炔在空气中燃烧实际上是乙炔发生氧化反应生成了二氧化碳和水。那么，有没有同学能写出其中的化学反应方程式呢？	思考，写出方程式： $C_2H_2 + 5O_2 \xrightarrow{点燃} 4CO_2 + 2H_2O$	
	提问：同学们回忆一下乙烯燃烧的现象，对比乙炔的燃烧现象，再观察乙炔燃烧的实验方程式，能够得到哪些结论？ 知识补充：氧炔焰：乙炔在氧气中燃烧，产生的氧炔焰温度高达3000 ℃，可用于切割、焊接金属。 讲述乙炔的用途：上面我们说到，乙炔在氧气中点燃时发生氧化反应，产生的氧炔焰温度高达3000 ℃，因而乙炔燃烧时产生的氧炔焰可用来切割或焊接金属；乙炔能与氢气、氯化氢、水等发生加成反应，是一种重要的基本有机原料，可以用来制备氯乙烯、聚氯乙烯和乙醛等	思考回答： （1）乙炔在空气中不能充分燃烧。 （2）乙炔分子中含碳量比乙烯高。 （3）乙炔发生的是氧化反应，表现还原性	介绍乙炔的用途，让学生感知“知识从生活中来又回到生活中去”，对“化学与生活息息相关”理念有更深刻的认识

续上表

教学环节与教学内容	教师活动	学生活动	设计意图
【知识归纳，课外延伸，提升科学思维】	提问：通过本节课的学习，我们学习到了哪些知识？你能归纳总结本节课内容吗？ 布置作业： （1）如何鉴别甲烷、乙烯、乙炔三种气体？ （2）用电石、水、氯化氢为原料，怎样制备聚氯乙烯？写出反应的化学方程式	回忆归纳，通过整理、概括本节课所学内容回答问题。 课后加强练习，对所学知识进行扩展延伸	引导学生进行自我小结，包括知识、方法和收获，同时"课后反馈"也可以指导教师更好地开展后面的教学工作

四、教学反思

本节课通过向学生展示日常生活中常见的乙炔制品的图片引入新课，在教学过程中多次联系生活实际，突出了"让生活走进化学，让化学走向社会"的新课程教学目标，充分调动学生对学习化学的兴趣。

整节课重视把课堂交给学生，体现学生的主体地位，重视由学生去发现问题、解决问题和归纳问题。例如让学生根据所给信息制作乙炔的球棍模型，让学生在制作的过程中通过与他人的交流、对比从而正确认识乙炔的结构特点；对于乙炔的化学性质，则让学生进行小组探究实验，最后得出结论，培养了学生的动手能力、实验探究能力，充分尊重学生的个体发展。注重引导学生学会表述，提高表达能力，会用化学语言来描述现象等。

基于化学学科核心素养的"乙醛"的教学设计

韩山师范学院化学与环境工程学院　张洁辉

摘要：本文以"乙醛"教学为例，探索在高中化学课堂中如何从科学精神与社会责任、科学探究与创新意识的维度构建学生的科学本质观，发展学生的化学学科核心素养。

关键词：学科核心素养；乙醛；实验探究

一、教学背景

本节课内容选自人教版高中化学选修 5 第三章第二节"醛"第 1 课时。本课时主要介绍乙醛的结构特点及其主要的化学性质，为进一步掌握醛类化合物的结构特点及其化学性质打好基础。本课时在烃的含氧衍生物一章中起着承上启下的作用，通过学习乙醛的性质，使学生既能掌握醛类化合物的特性，又巩固了醇的知识，为第三节羧酸和酯的学习打下基础。

本次授课对象为普通中学高二年级学生，该阶段学生已掌握了醇的相关知识，对含氧衍生物的性质也有了一定认识，但尚未学会从各个角度全面地探究学习其他含氧衍生物的结构特点及主要化学性质。学生思维活跃，有较好的实验探究和推理分析能力，但思维迁移上尚不成熟，需要在教师的指导下提高知识迁移能力，掌握醛类相关知识。高二年级学生独立能力较强，希望突出自我，通过小组合作探究实验，可以促进学生之间在知识上的沟通和交流，培养团队合作精神，提高学习效果。

二、基于化学核心素养的教学目标确立

（1）通过小组合作进行探究实验，既能培养学生的实验操作能力，又能提高团队合作精神，激发学习兴趣，发展“科学探究与创新意识”的化学学科核心素养。

（2）通过对乙醛的学习进一步迁移到醛类化合物的结构和化学性质及其应用的学习；能够认识到有机化学在科学生产、人类生活和社会经济发展中的巨大作用，发展“科学精神与社会责任”的化学学科核心素养。

三、教学过程

教学过程设计如表 1－1－11 所示。

表 1－1－11　教学过程设计

教学环节与教学内容	教师活动	学生活动	设计意图
【生活导入，激发学生学习兴趣】	提问：在日常生活中我们普遍会有这样的疑问，为什么有些人喝酒就好像喝白开水一样，而有些人则是喝一点酒就会面红耳赤，立马就醉了呢？ 	思考、讨论	通过提出生活中的问题，引出新课题，激发学生的好奇心以及学习的主动性

续上表

<table>
<tr><th>教学环节与教学内容</th><th>教师活动</th><th>学生活动</th><th>设计意图</th></tr>
<tr><td>【生活导入，激发学生学习兴趣】</td><td>讲述：一个人的酒量大小是与酒精在人体内的代谢过程和产物有很大关系的。乙醇进入人体内，首先在乙醇脱氢酶的作用下氧化为乙醛，生成的乙醛接着又在乙醛脱氢酶的作用下被氧化为乙酸，最后转化为 CO_2 和 H_2O。如果一个人的人体内这两种酶的含量都很大的话，那么酒精的代谢速度就很快。相反，要是人体内这两种酶的含量不够，特别是缺少乙醛脱氢酶的话，饮酒后就会导致体内乙醛的积累，导致血管扩张而脸红，同时作用于人的神经系统，因此人就会醉</td><td></td><td></td></tr>
<tr><td rowspan="2">【创设问题，实验探究，知识迁移】</td><td>问题1：乙醛是什么呢？它有什么性质？
首先，让学生回顾乙醇的结构和性质，通过展示乙醛分子的比例模型和乙醛的核磁共振氢谱，引导学生对乙醛的结构进行推测
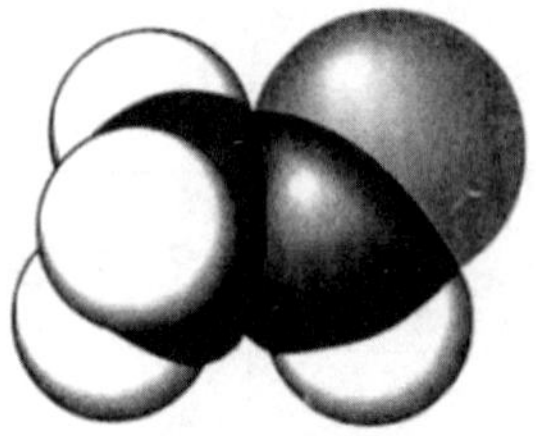
乙醛分子的比例模型
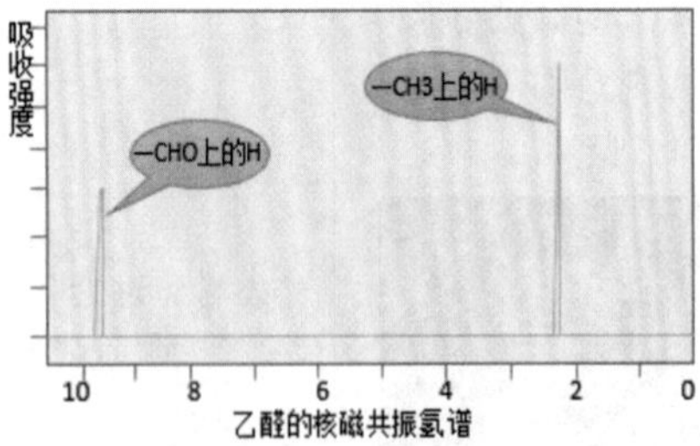

乙醛的核磁共振氢谱</td><td>观察图片，猜测乙醛的结构</td><td rowspan="2">通过多媒体展示乙醛的相关信息，让学生对乙醛的物理性质有一个初步的了解</td></tr>
<tr><td colspan="2">在看图加深理解的基础上，引导学生对乙醛的物理性质进行归纳总结：乙醛是无色、有刺激性气味的液体，密度比水小，沸点 20.8 ℃，易挥发，易燃烧，能与水、乙醇等互溶</td></tr>
</table>

续上表

<table>
<tr><th>教学环节与教学内容</th><th>教师活动</th><th>学生活动</th><th>设计意图</th></tr>
<tr>
<td>1. 学习乙醛的物理性质</td>
<td>类比推理：通过对乙醛分子的结构及物理性质的学习，创设情境引导学生思考，进行类比推理得出乙醇与乙醛之间的联系，如下表：
<table>
<tr><td colspan="2">烃的含氧衍生物类别</td><td>乙醇</td><td>乙醛</td></tr>
<tr><td colspan="2">结构简式</td><td>$CH_3—CH_2—OH$</td><td>$CH_3—CHO$</td></tr>
<tr><td colspan="2">结构特点</td><td>全部单键，饱和，官能团—OH</td><td>有C═O双键，不饱和，官能团—CHO</td></tr>
<tr><td rowspan="5">化学性质</td><td>可燃性</td><td colspan="2">易燃，完全燃烧生成 CO_2 和 H_2O</td></tr>
<tr><td>取代反应</td><td>√</td><td>×（官能团上不发生反应）</td></tr>
<tr><td>加成反应</td><td>×</td><td>√</td></tr>
<tr><td>氧化反应</td><td>√</td><td>√</td></tr>
<tr><td>还原反应</td><td>×</td><td>√</td></tr>
</table>
</td>
<td>类比推理</td>
<td>采用类比推理和实验探究的方法，提高学生知识迁移的能力和实验操作能力，养成团队合作的精神</td>
</tr>
</table>

续上表

<table>
<tr><th>教学环节与教学内容</th><th>教师活动</th><th>学生活动</th><th>设计意图</th></tr>
<tr><td rowspan="2">2. 学习乙醛的氧化反应</td><td>根据“结构决定性质”的观点，首先提示学生根据前面对乙醛化学性质的推测，开展小组探究实验，让学生通过实践探究学习来检验他们的推测是否成立。
<table><tr><th>实验</th><th>现象</th><th>结论</th></tr><tr><td>取适量乙醛溶液，滴加高锰酸钾酸性溶液</td><td>高锰酸钾性溶液褪色</td><td>乙醛能被高锰酸钾酸性溶液氧化</td></tr><tr><td>向新制银氨溶液加入几滴乙醛溶液，水浴加热</td><td>试管壁上出现银镜</td><td>乙醛能将银氨溶液还原生成银</td></tr><tr><td>向新制 $Cu(OH)_2$ 加入适量乙醛溶液，加热</td><td>有红色沉淀出现</td><td>乙醛能将 $Cu(OH)_2$ 还原成红色 Cu_2O 沉淀</td></tr></table></td><td rowspan="2">开展小组探究实验：取适量乙醛分别与高锰酸钾酸性溶液、新制银氨溶液、新制 $Cu(OH)_2$ 溶液进行反应，观察实验现象，做好实验记录，汇报实验结果</td><td rowspan="2"></td></tr>
<tr><td>总结：乙醛与银氨溶液、新制 $Cu(OH)_2$ 反应的化学方程式：
乙醛与银氨溶液反应：$CH_3CHO + 2Ag(NH_3)_2OH \xrightarrow{\triangle} CH_3COONH_4 + 2Ag\downarrow + 3NH_3 + H_2O$
乙醛与 $Cu(OH)_2$ 反应：$CH_3CHO + 2Cu(OH)_2 + NaOH \xrightarrow{\triangle} CH_3COONa + Cu_2O\downarrow + 3H_2O$</td></tr>
</table>

续上表

教学环节与教学内容	教师活动	学生活动	设计意图
	知识迁移：通过大家对以上实验的探究，我们可以得出：乙醛能够发生氧化反应，那么请同学们根据乙醛与银氨溶液、新制 $Cu(OH)_2$ 反应的规律，写出甲醛、丙醛分别与银氨溶液、新制 $Cu(OH)_2$ 反应的化学方程式，以巩固对乙醛发生氧化反应的性质的理解。我们来做一道练习题，看看大家对刚才所学知识的掌握程度： 下列有机物中，不能发生银镜反应的是（　　）。 A. CH_3CH_2OH　　B. HCHO C. CH_3CHO　　D. HCOOH	回答：选 A，甲醇不含醛基，不能发生银镜反应；而甲酸含有醛基，可以发生银镜反应	知识迁移，巩固学生对醛基性质的掌握
3. 学习乙醛的加成反应	问题2：大家对乙醛能够发生氧化反应的认识还是比较牢固的，那么同学们想一下，乙醛是否能发生加成反应？请大家仔细观察一下乙醛分子的结构，联系乙醇分子的结构，想一想乙醛分子的哪个部位能够发生加成反应？等会我将请部分同学来回答一下你们观察得到的结果	思考，回答问题	充分发挥学生学习的创造性
	通过大家的观察发现，大家能够很好地联系实际，对乙醛可能发生加成反应有很好的推理。乙醇没有 C═O 双键，不能发生加成反应，而乙醛有 C═O 双键，那乙醛究竟是否能发生加成反应呢？答案是肯定的，同学们仔细观察一下乙醛发生加成反应的化学方程式： $CH_3-\overset{\displaystyle O}{\overset{\|}{C}}-H + H_2 \xrightarrow[\triangle]{催化剂} CH_3CH_2-OH$	听讲	
【课后思考】	请同学们课后认真回顾乙醛的相关知识，思考：乙醛还能发生那些氧化反应和加成反应？可能生产什么产物？下节课，我们将请部分同学来回答问题	思考	

四、教学反思

本节课采用类比推理和实验探究的方法引导学生学习，能够提高学生通过知识点的对比推理从而形成知识迁移的能力，同时，通过小组合作探究实验，可以让学生在实践中提高实验操作能力，养成团队合作的精神。本节课打破传统的教师演示、学生观看教师演示的教学方法，通过启发学生思考、推理，提出问题和小组进行合作探究实验的方法，充分发挥学生学习的创造性、合作性和参与性，让学生在课堂教学中展现才能，体现了以教师为主导、学生为主体的课堂教学思想。

基于化学学科核心素养的“花青素还原性探究——烃的含氧衍生物”的教学设计

韩山师范学院化学与环境工程学院　张晓霞

摘要：本文以“花青素还原性探究”教学为例，探索在高中化学课堂中如何从证据推理和模型认知、宏观辨识与微观探析、科学探究与创新意识的维度构建学生的科学本质观，发展学生的化学学科核心素养。

关键词：学科核心素养；花青素；探究实验

一、教学背景

“烃的含氧衍生物”选自人教版高中化学选修5《有机化学基础》，本模块的学习旨在引导学生建立“结构决定性质”的基本观念，形成基于官能团认识有机化合物的一般思路。该模块对本课题的要求为认识酚的组成和结构特点、性质、转化关系及其在生产生活中的应用。苯酚能与高锰酸钾反应这一性质为教材的拓展知识，本课题以苯酚的还原性为基础，以“花青素还原性探究”为导向，探究花青素的结构特点，酚羟基的性质及其应用，从而建立酚羟基性质模型，培养学生通过官能团学习有机化合物的学习方法。该阶段学生通过对醇、酚、卤代烃等的学习，对有机化合物的结构和性质有了一定的认识，初步形成“结构决定性质”的观念，以及形成从官能团认识有机化合物的基本思路，但对其理解较浅，尚未能将知识从课堂迁移到生活中。此外，学生对苯酚的还原性印象较浅，尚未能较好地理解酚羟基的还原性，因此，本节课提给供学生探究花青素中酚羟基还原性的机会。在这个过程中，学生虽掌握了一些基础的实验操作，但对实验设计有较大的陌生感。

二、基于化学核心素养的教学目标确立

1．教学目标

（1）通过设计紫甘蓝提取花青素，以及花青素的还原性等探究实验活动，感受有机化合物与生活之间的联系，养成“科学探究与创新意识”的核心素养。

（2）以苯酚的还原性为基础，通过花青素的还原性探究，寻找苯酚与花青素结构与性质的共同点，建立酚羟基性质的模型，形成“证据推理与模型认知”的核心素养，同时形成从官能团认识有机化合物的思路，概括出“结构决定性质，性质反映结构”，形成“宏观辨识与微观探析”的化学核心素养。

2．评价目标

（1）通过花青素的还原性探究实验，诊断学生的实验探究水平。

（2）通过将苯酚还原性迁移到花青素上的酚羟基还原性的认识的过程，诊断并提高学生从官能团解释物质性质以及从结构等方面认识有机化合物多样性的水平。

三、教学过程

教学过程设计如表1－1－12所示。

表1－1－12 教学过程设计

教学环节与教学内容	教师活动	学生活动	设计意图
【情境创设，激发兴趣】 学习任务1：了解花青素的功能，形成“结构决定性质”的观念	评价任务1：诊断并发展学生认识物质的水平（从宏观现象探究物质的结构和性质水平）	（1）认识花青素：紫甘蓝中富含花青素（一种极强的抗氧化剂），可有效对抗自由基的侵袭； （2）了解花青素作为强抗氧化剂，具有还原性，且其具有还原性的原因是花青素中含有酚羟基	从生活中的物质入手，引导学生健康生活，从化学的视角认识生活，形成物质“结构决定性质”的观念，初步诊断认识物质已有的水平

续上表

<table>
<tr><th>教学环节与
教学内容</th><th>教师活动</th><th>学生活动</th><th>设计意图</th></tr>
<tr><td rowspan="2">【类比推理，检验性质】
学习任务 2：类比苯酚还原性的检验方法，进行花青素还原性的鉴定，初步建立“酚羟基性质”的模型</td><td>评价任务 2：诊断学生认识有机化合物的水平（孤立水平、系统水平）</td><td>观察花青素的结构，类比苯酚能与高锰酸钾反应这一性质，提供花青素还原性的鉴定方法</td><td rowspan="2">引导学生从已知知识迁移到未知知识，逐步完善学生对有机化合物的认知水平；发展学生从孤立水平到系统水平认识有机化合物，逐步形成“酚羟基性质”的模型；提高学生总结能力</td></tr>
<tr><td colspan="2">引导学生归纳总结检验花青素还原性的方法：
实验方法 1：取 1 ~2 mL 花青素提取液于试管中，滴加 1 ~2 滴 0.004 mol/L $KMnO_4$溶液。
实验方法 2：取少量 30% H_2O_2溶液于试管中，滴加 1 ~2 滴花青素提取液。
实验结论：花青素中的酚羟基具有还原性</td></tr>
<tr><td>【问题解决，建立模型】
学习任务 3：根据实验结果，帮助学生形成“从官能团认识有机化合物”的思路，建立“酚羟基性质”的模型</td><td>评价任务 3：诊断并发展学生从官能团认识有机化合物多样性的水平</td><td>梳理结果 1：花青素含酚羟基，具有还原性。
问题解决：酚羟基具有还原性，花青素中含酚羟基，是一种较强的抗氧化性剂。生活中许多富含酚羟基的物质同样具有强还原性。
梳理结果 2：官能团决定了有机化合物的性质，可以从官能团来判断未知有机化合物的性质。
拓展应用：儿茶素和花青素均含有酚羟基，但周边的官能团却不同，查阅资料，思考：官能团所处的环境不同，对有机化合物的性质有何影响？</td><td>培养学生解决实际问题的能力，发展学生从微观角度认识物质，进一步提高学生“从官能团认识有机化合物”的水平，深化学生对有机化合物的认识，提高学生的学习认知水平</td></tr>
</table>

四、教学反思

本节课主要探究花青素的还原性，是教材的拓展和延伸，目的是使学生在学完课本的知识后，能够利用所学的知识解决生活中的问题。本课题作为一个微型项目，在学习过程中学生可习得新的学习方法。本节课包含 3 个学习任务，每个学习任务均设置了相应的活动，有意指向学生的能力进阶，极力培养学生的学科核心素养。以“科学探究与创新意识”的核心素养为例，本节课在学习完苯酚的基础上，将目标转移到与生活息息相关的花青素上，并对其还原性进行探究，此过程中不断提高学生解决问题的能力以及实验探究能力。此外，本节课着重培养学生“证据推理与模型认知”的核心素养：通过类比苯酚性质对花青素的性质进行鉴定，并在该过程中逐步引导学生建立并完善“酚羟基性质”的模型，同时形成“从官能团认识有机化合物”的观念。

基于化学学科核心素养的酸、碱与指示剂作用的教学设计

韩山师范学院化学与环境工程学院　张晓霞

摘要：本文以“酸、碱与指示剂作用”教学为例，探索在初中化学课堂中如何从证据推理和模型认知、科学探究与创新意识的维度构建学生的科学本质观，发展学生的化学学科核心素养。

关键词：学科核心素养；酸碱指示剂；探究实验

一、教学背景

“使用酸碱指示剂判断溶液的酸碱性”是中学化学知识体系中关于溶液酸碱性认知的起点。通过分析，笔者认为这部分内容知识点简单，与生活相关度大，适合采用通过多种感官信息来获得知识的教学方式，利用生活常识、趣味实验能吸引学生的学习热情，从不同的认知水平层次上为学生提供学习的机会；通过设计实验，进行科学探究，也能发展学生“证据推理和模型认知”“科学探究与创新意识”的化学学科核心素养。

二、基于化学核心素养的教学目标确立

（1）让学生学会使用酸碱指示剂判断溶液的酸碱性并自制指示剂，建立观点、结论、证据之间的逻辑关系，发展“证据推理和模型认知”的化学学科核心素养。

（2）通过用指示剂检验酸、碱溶液的探究活动，学会运用实验的方法获取信息，并对获取的信息进行加工，发展“科学探究与创新意识”的化学学科核心素养。

三、教学过程

教学过程设计如表 1－1－13 所示。

表 1－1－13　教学过程设计

<table>
<tr><th>教学环节与教学内容</th><th>教师活动</th><th>学生活动</th><th>设计意图</th></tr>
<tr><td>【复习引入，奠定基础】</td><td colspan="2">师生共同回顾有关紫色石蕊溶液、酚酞溶液遇酸、碱的变色规律。
<table><tr><td>指示剂</td><td>酸</td><td>碱</td></tr><tr><td>紫色石蕊溶液</td><td>变红</td><td>变蓝</td></tr><tr><td>酚酞溶液</td><td>不变色</td><td>变红</td></tr><tr><td>结论</td><td colspan="2">酸碱指示剂可用来判断溶液的酸碱性</td></tr></table></td><td>温故知新，为接下来的学习做铺垫</td></tr>
<tr><td rowspan="3">【联系生活，设计探究实验，进行证据推理】
1. 进行探究实验：生活中常见溶液的酸碱性。
实验所需试剂：白醋、雪碧、柠檬汁、炉具清洁剂、肥皂水、洗衣液、酚酞溶液、紫色石蕊溶液</td><td>讲述：我们生活中遇到的各种溶液，例如：白醋、雪碧、炉具清洁剂、肥皂水等，是呈酸性还是碱性？请同学们利用提供的实验药品进行探究</td><td>分组实验，记录现象，做出结论。如下：
<table><tr><td>试剂</td><td>白醋</td><td>柠檬汁</td><td>雪碧</td><td>炉具清洁剂</td><td>肥皂水</td><td>洗衣液</td></tr><tr><td>紫色石蕊溶液</td><td>变红</td><td>变红</td><td>变红</td><td>变蓝</td><td>变蓝</td><td>变蓝</td></tr><tr><td>酚酞溶液</td><td>不变色</td><td>不变色</td><td>不变色</td><td>变红</td><td>变红</td><td>变红</td></tr><tr><td>溶液的酸碱性</td><td>酸性</td><td>酸性</td><td>酸性</td><td>碱性</td><td>碱性</td><td>碱性</td></tr></table></td><td rowspan="2">学以致用，通过对生活中常见溶液的酸碱性的判断，加深对酸碱指示剂作用的认知，懂得化学服务于生活的道理。进一步深化知识，感受用化学指导生活的理念，形成健康生活的思想。同时，设计探究方案，运用实验进行探究，培养学生勤于实践、善于合作、发展“科学探究与创新意识”的化学学科核心素养</td></tr>
<tr><td>提问：
为什么不能大量饮用雪碧？
尝试推测洗洁精溶液的酸碱性是什么？</td><td>交流，讨论，回答</td></tr>
<tr><td colspan="2">教师指引学生回顾酸碱指示剂是如何发现的，讲述波义耳发现指示剂的故事</td><td>让学生通过了解酸碱指示剂的发现历史，学习科学家的科研精神，提高自身的科学素养</td></tr>
</table>

续上表

教学环节与教学内容	教师活动	学生活动	设计意图
2. 进行生活趣味实验	演示实验。 结合波义耳发现指示剂的故事，用微课播放提取紫甘蓝汁液的视频，并将提前准备好的紫甘蓝汁液带到教室进行演示实验，让学生思考紫甘蓝汁液能否作为酸碱指示剂，并观察紫甘蓝提取液遇到酸性溶液、碱性溶液的变色情况。	观察实验，记录结果，得出结论。 尝试用生活中常见的有色花朵或果蔬自制指示剂	通过生活趣味实验，将学生的无意注意转化为有意注意，培养学生的学习热情和动手能力。通过实验结果收集证据，得出结论，建立观点、结论证据之间的逻辑关系，发展“证据推理和模型认知”的化学学科核心素养

四、教学反思

本节课通过设计符合学生思维发展的趣味实验，紧密结合生活，加深学生对指示剂的掌握，同时培养学生进行探究实验的能力，体现了“科学探究与创新意识”的核心素养，取得较好的教学效果。

1.2 化学概念类

以化学核心素养为本的“离子”的教学设计

韩山师范学院化学与环境工程学院　陈锦英

摘要：本文以“离子”教学为例，探索在初中化学课堂中如何从宏观辨识与微观探析的维度构建学生的科学本质观，发展学生的化学学科核心素养。

关键词：学科核心素养；核外电子排布；实验探究

一、教学背景

本课题为人教版九年级化学上册第四单元“物质构成的奥秘”中的第3个课题——离子。由于化学是初三学生首次接触的一门学科，而且在学习本课题之前仅对分子和原子的概念和特征进行了初步的认识和了解，因此笔者认为需努力做到详略得当，增加适当的例子让学生能更易于了解和掌握新知识。教学设计思路是通过新知识离子的形成与旧知识元素符号书写的联系，举例从旧知识引出新知识，使旧知识得以巩固，从而引入新课；通过核外电子排布的学习来帮助引入离子的概念和离子的形成过程，最后用整洁简练的分类图总结物质与其构成粒子之间的关系。

二、基于化学核心素养的教学目标确立

本节课主要通过理解并掌握核外电子的排布、元素原子结构示意图、离子的概念、离子的形成，以及物质与构成其粒子之间的关系，提高学生自主思考分析问题的能力，发展“宏观辨识与微观探析”的化学学科核心素养。

三、教学过程

教学过程设计如表1－2－1所示。

表1－2－1　教学过程设计

教学环节与教学内容	教师活动	学生活动	设计意图
【复习导入，引出新知】	PPT展示有关书写元素符号的习题，复习前面学习过的知识，并引出本节将要学习的重点——离子	练习，思考	通过练习，让学生快速集中注意力
	设疑：什么是离子？它是如何形成的？ 提示：必须先研究原子的核外电子排布，结合以前对原子结构的了解，类比行星绕太阳旋转有固定的轨道，为学生介绍原子核外电子分层排布示意图，并将核外电子排布的特点详细地向学生讲述	思考	从浩瀚的太空到微小的原子，通过类比的方法，让学生对原子核外电子分层排布更加清晰易懂

续上表

<table>
<tr><th>教学环节与教学内容</th><th>教师活动</th><th>学生活动</th><th>设计意图</th></tr>
<tr><td rowspan="3">【引导思考，突破难点】</td><td>讲述：
（1）由于原子核外电子分层排布示意图为立体球形，比较复杂，所以我们可以用原子结构示意图简明、方便地表示原子的结构。
（2）以镁、氧、氖为例，讲述如何画出原子结构示意图。强调必须学会画出第 1 ~ 20 号元素的原子结构示意图。
（3）根据刚才学习的画法，思考如何画出钠、氯和氩的原子结构示意图，请三个学生到黑板前尝试画出来</td><td>认真听讲，做练习</td><td rowspan="2">由原子核外电子分层排布来得知离子是如何从原子转变而来的，既能复习之前学习过的知识，又能通过这两个例子了解离子的由来，让学生更加直观地了解离子是因为原子得失电子而形成的</td></tr>
<tr><td>评讲，让学生观察这些原子结构示意图，并讲明元素的性质与核外电子排布有关系，特别是与最外层电子数有关</td><td>学习如何画出原子结构示意图</td></tr>
<tr><td colspan="2">师生一起归纳总结。
根据刚刚学习的原子结构示意图，用表格总结出金属元素、非金属元素和稀有气体元素最外层电子数，得到或失去电子而趋向达到相对稳定结构。
<table>
<tr><th>元素种类</th><th>金属元素</th><th>非金属元素</th><th>稀有气体元素</th></tr>
<tr><td>最外层电子数</td><td>一般小于 4</td><td>一般大于 4</td><td>一般为 8（氦为 2）</td></tr>
<tr><td>得到或失去电子</td><td>失去电子</td><td>得到电子</td><td>不容易得到或失去电子</td></tr>
<tr><td>例子</td><td>钠、镁、铝</td><td>氯、硫、氮</td><td>氖、氩</td></tr>
</table></td><td>通过比较的方法来掌握金属元素、非金属元素和稀有气体元素从最外层电子数和得失电子数之间的联系与区别，帮助帮助学生牢记知识</td></tr>
</table>

续上表

<table>
<tr><th>教学环节与教学内容</th><th>教师活动</th><th>学生活动</th><th>设计意图</th></tr>
<tr><td></td><td>（1）让学生观察前面写出来的钠原子和氯原子的结构示意图，说明钠原子和氯原子分别失去和得到一个电子的情况。
（2）让学生观察 Na 和 Cl 得失电子前后结构示意图中的表示差别，引出离子的概念：带电荷的原子叫作离子。像钠离子这样带正电荷的原子叫作阳离子，氯离子这样带负电荷的原子叫作阴离子。
（3）讲述原子得失电子形成离子的过程
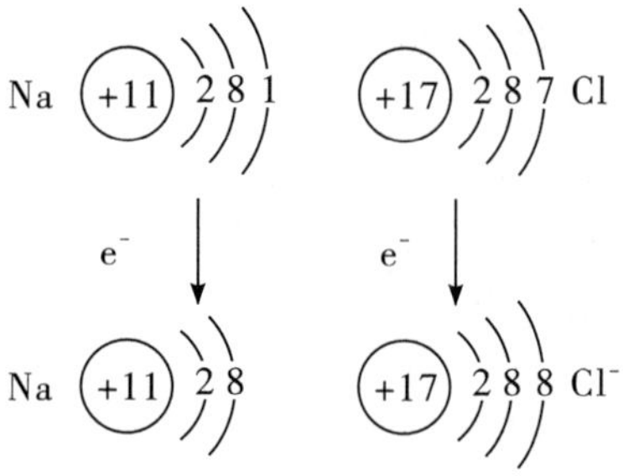
</td><td></td><td></td></tr>
<tr><td>【引导思考，突破难点】</td><td>由电子与质子的所带电性以及上述所说原子得失电子变成离子的情况，结合下面两个图讲述阴阳离子由于静电作用而形成不带电性的化合物。以氯化钠为例
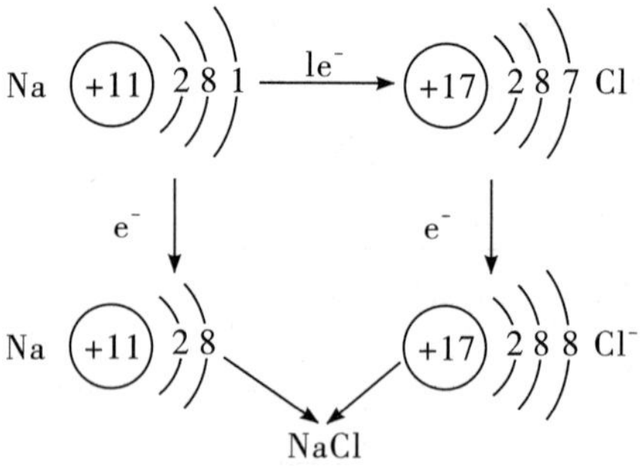

钠与氯气反应形成氯化钠</td><td></td><td>结合图片讲解，学生更加容易理解和掌握</td></tr>
</table>

续上表

<table>
<tr><th>教学环节与教学内容</th><th>教师活动</th><th>学生活动</th><th>设计意图</th></tr>
<tr><td rowspan="2"></td><td>通过总结离子的概念、离子的形成和阴阳离子形成化合物，自然过渡到物质与其构成粒子之间的关系。
讲述：以前学习过原子和分子是构成物质的微粒，本节课所学习的离子也是构成物质的微粒。通过本节课的学习，能让我们了解和理解物质与其构成粒子原子、分子和离子之间的关系</td><td>认真听讲，思考，归纳</td><td rowspan="2">通过本课题的学习，了解了原子核外电子分层排布、离子的形成以及回顾前几个课题的学习，厘清物质与其构成粒子之间的关系，更加系统地了解物质构成的奥秘</td></tr>
<tr><td colspan="2">师生共同归纳，画出关系图：
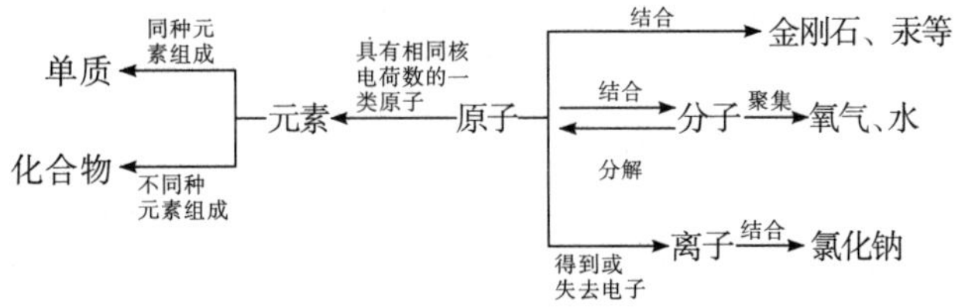
</td></tr>
<tr><td>【知识归纳，提升科学思维】</td><td colspan="3">（1）核外电子的排布：核外电子分层排布及其特点；原子结构示意图；金属元素、非金属元素、稀有气体元素
<table>
<tr><th>元素种类</th><th>金属元素</th><th>非金属元素</th><th>稀有气体元素</th></tr>
<tr><td>最外层电子数</td><td>一般小于4</td><td>一般大于4</td><td>一般为8（氦为2）</td></tr>
<tr><td>得到或失去电子</td><td>失去电子</td><td>得到电子</td><td>不容易得到或失去电子</td></tr>
<tr><td>例子</td><td>钠、镁、铝</td><td>氯、硫、氮</td><td>氖、氩</td></tr>
</table>
（2）离子的形成
离子：带有电荷的原子。
离子的形成：原子得到或失去电子；阴阳离子得失电子形成化合物。
（3）物质与原子、分子和离子之间的关系</td></tr>
</table>

四、教学反思

本节课重点在于让学生了解并掌握核外电子的排布和离子的概念与离子的形成，在课堂上积极调动学生自主思考和分析问题，并通过引导来得到结论。运用类比和对比方法，以旧知识引入新知识，同时举例帮助学生理解新知识，还运用表格、树状分类图使学生更易理解所学知识且印象深刻。

基于化学学科核心素养的“元素周期表”的教学设计

韩山师范学院化学与环境工程学院　黄婉纯

摘要：本文以“元素周期表”教学为例，探索在高中化学课堂中如何从宏观辨识与微观探析、证据推理与模型认知的维度构建学生的科学本质观，发展学生的化学学科核心素养。

关键词：学科核心素养；元素周期表；纸牌游戏；“口诀”记忆法

一、教学背景

本节课的内容选自人教版高中化学必修 2 第一章“物质结构元素周期表”第一节“元素周期表”第 1 课时。在《普通高中化学课程标准》中对于这部分的内容要求为：学生要能了解并掌握元素周期表的结构以及周期、族等概念。元素周期表是元素周期律的具体表现形式，它反映了元素之间相互联系的规律，是学习化学的重要工具。学习元素周期表，为以后学习元素周期律做好了铺垫。

通过九年级和高一必修 1 的学习，学生已经具备了一定的化学基础知识，为本节课的学习奠定了一定的基础。但学生对元素的性质和原子最外层电子数的关系的认识是抽象且肤浅的，未能融会贯通。本节课就要指导学生运用这些知识尝试对元素进行周期性的排列，引导学生形成科学的思维方法。同时，要培养学生在探究学习过程中形成严谨、规范的良好学习习惯，发展学生的化学核心素养。

二、基于化学核心素养的教学目标确立

（1）学习元素周期表的编排规律，明确原子结构、元素性质及该元素在元素周期表中的位置三者之间的关系，将宏观的元素与微观的原子结构联系起来，发展学生“宏观辨识与微观探析”的核心素养。

（2）参加游戏教学环节，亲自体验编排元素周期表的过程，培养学生抽象思维能力和逻辑思维能力；通过对元素原子结构、位置间的关系推导，培养学生分析和推理能力，发展学生“证据推理与模型认知”的核心素养。

三、教学过程

教学过程设计如表 1－2－2 所示。

表 1－2－2　教学过程设计

教学环节与教学内容	教师活动	学生活动	设计意图
【科学家故事导入，培养学生社会责任感】	（1）讲述门捷列夫发现并制作元素周期表的艰辛历程。 （2）PPT 展示门捷列夫元素周期表	认识元素周期表的创始人——门捷列夫，牢记历史，尊重科学家	以科学家为榜样，通过了解科学家的发明历程，培养学生勇于挑战自我、不断追求真理的精神
【指导阅读，进行推理，学会“口诀”记忆法，突破难点】	指导学生阅读人教版高中化学必修 2 第一章“物质结构　元素周期表”第一节“元素周期表”第 1 课时内容	认真阅读教材，仔细观察元素周期表，小组讨论，回答问题	学生提前阅读教材，使其对本课内容有大概的认识，培养学生的自学和阅读能力
【纸牌游戏】 学习元素周期表的规律	（1）介绍纸牌的内容：①原子结构示意图；②元素符号；③元素名称。 （2）告知游戏规则：①按照核电荷数递增的顺序从左到右排列；②原子核外电子层数相同的元素排在同一横行；③原子核外最外层电子数相同的排在同一纵列	四人为一小组进行合作，共同交流： （1）填写纸牌上的不完整内容； （2）排列纸牌，互相对比观看	通过纸牌游戏，使学生亲自体会如何编排元素周期表，从而培养学生独立思考问题的能力
	检查学生的游戏完成情况，提问学生，对学生的总结进行补充。 提问 1：原子序数、核电荷数、核外电子数和质子数的关系。 总结：原子序数 = 核电荷数 = 核外电子数 = 质子数。 提问 2：元素周期表的编排规则是什么？ 总结： （1）按原子序数递增的顺序从左到右排列。 （2）将电子层数相同的元素排成一个横行。 （3）把最外层电子数相同的元素按电子层数递增的顺序从上到下排成纵行	各小组的学生展开讨论。每个小组派一位代表展示游戏的成果，并总结出经验，回答老师的问题，说出发现的规律和原则	培养学生合作探究的能力、归纳总结的能力，提高学生的科学素养和研究能力

续上表

教学环节与教学内容	教师活动	学生活动	设计意图
	提问： （1）什么是元素周期表的周期？ （2）元素周期表共有几个周期？不同的周期怎么表示？各周期有多少种元素？ （3）说出周期序数与原子层数的关系。 （4）什么是元素周期表的族？周期表共有几个族？怎么表示不同的族？ （5）说出主族序数与最外层电子数的关系。 （6）说出某些族的别称。 总结： （1）周期表有 7 个横行，叫作周期。 （2）周期表共有 7 个周期，分为第一周期、第二周期、第三周期、第四周期、第五周期、第六周期、第七周期。其中第一周期、第二周期、第三周期又称为短周期，第四周期、第五周期、第六周期、第七周期又称为长周期。第一周期有 2 个元素，第二周期有 8 个元素，第三周也只有 8 个元素，第四周有 18 个元素，第五周期有 18 个元素，第六周期有 32 个元素（含镧系 15 种），第七周期暂时有 26 个元素（含锕系 15 种）。 （3）周期序数 = 原子层数。 （4）周期表有 18 个纵行，叫作族。周期表共有 16 个族，其中主族 7 个（ⅠA、ⅡA、ⅢA、ⅣA、ⅤA、ⅥA、ⅦA），副族 7 个（ⅠB、ⅡB、ⅢB、ⅣB、ⅤB、ⅥB、ⅦB），第Ⅷ族 1 个，零族 1 个。 （5）主族序数 = 最外层电子数 （6）第 IA 族（除氢）：碱金属元素；第ⅦA 族：卤族元素；零族：稀有气体元素；过渡元素：所有副族元素和第Ⅷ族元素	学生通过阅读课本进行回答	认识元素周期表的结构，掌握周期和族的概念、分类及各自的特点

续上表

教学环节与教学内容	教师活动	学生活动	设计意图
	强化： 归纳元素周期表的口诀：三长三短一不全，七主七副零八族。横行叫周期，共有七周期。三四分长短，第七不完全。纵行称作族，共有十六族。二、三分主副，先主后副族。Ⅷ族最特殊，三行是一族。二次分主副，副后是主族。一、八依次现，一、零再一遍。锕、镧各十五，均属ⅢB族	认真倾听并做好笔记，课后理解和背诵	以口诀的形式巧记周期表，降低学生记忆周期表的难度，增强对周期表的记忆效果
【交流与讨论】 交流与讨论元素的位置与结构关系	1. 提问：目前，元素周期表共有一百多种元素，如何确定任何一种元素在元素周期表上的位置呢？有没有什么方法或者技巧？怎样正确表达元素在周期表中的位置？ 2. 在学生讨论的基础上，教师加以总结并投影：判断元素在周期表中的位置时，只要记住稀有气体元素的原子序数（He—2，Ne—10，Ar—18，Kr—36，Xe—54，Rn—86），就可以确定元素所在的周期和族。 （1）原子序数 - 稀有气体原子序数（相近且小） = 元素的纵行数。第1、2纵行为第ⅠA、ⅡA族，第3～7纵行为第ⅢB～ⅦB族，第8～10纵行为第Ⅷ族，第11、12纵行为第ⅠB、ⅡB族，第13～17纵行为ⅢA～ⅦA族，第18纵行为0族。 （2）稀有气体元素原子序数 - 原子序数 = 18 - 该元素纵行数。 3. 提问：元素周期表中渗透了哪些辩证唯物主义观点？ 4. 在学生讨论的基础上，教师加以总结并投影： （1）渗透了量变引起质变这一规律。 （2）元素之间不是相互孤立而是互相联系的。 （3）元素周期表反映了事物发展的周期性变化，但这个周期性并不是单调地、整齐划一地一次又一次地重复，而是螺旋地向前发展	阅读并研究元素周期表，按分成的小组讨论上述问题，再进行回答	考查原子序数和元素在周期表中的位置之间的关系和学生的逻辑思维和推理能力，对学生进行辩证唯物主义教育

四、教学反思

本次课的特色之一在于采用游戏教学法。通过纸牌游戏的教学环节使学生产生学习兴趣，体会如何编排元素周期表，从而培养学生独立思考问题的能力。在设计纸牌游戏时，充分考虑其趣味性、竞争性，并且与教学内容紧密联系，采用学生喜闻乐见、乐于接受的教学方法，调动学生学习积极性，挖掘学生潜能。另外，通过“口诀”记忆法传授元素周期表的方法，有助于学生对元素周期表这一节课知识的获取和深加工，有利于快速地对元素周期表知识信息块的储存和内化，并且省时、高效。

以化学核心素养为本的“物质的量”的教学设计

韩山师范学院化学与环境工程学院　彭映铃

摘要：本文以“物质的量”教学为例，探索在高中化学课堂中如何从宏观辨识与微观探析的维度构建学生的科学本质观，发展学生的化学学科核心素养。

关键词：学科核心素养；物质的量；创设情境

一、教学背景

本课时内容选自人教版高一化学必修 1 第一章第二节“化学计量在试验中的应用”，内容包括了物质的量及其推导量，是在学生学习了化学实验基本方法的基础上，进一步提出的新概念，为以后物质的量浓度的配制、化学计算的相关学习做好铺垫，也为学生定量认识物质组成和化学反应提供了新的视角。通过之前的学习，学生已经掌握了初中化学知识和实验基本方法，主要从定性或简单的定量角度去学习化学知识，孤立看待宏观的质量、体积和微观的粒子数目。物质的量对学生来说比较陌生、难以理解，容易和物质的质量相混淆。

二、基于化学核心素养的教学目标确立

本节课主要通过学习物质的量的概念，将宏观的质量、体积和微观的粒子数目联系起来，发展学生“宏观辨识与微观探析”的化学学科核心素养。

三、教学过程

教学过程设计如表 1－2－3 所示。

表1-2-3 教学过程设计

教学环节与教学内容	教师活动	学生活动	设计意图
【创设生活情境导入，激发学生学习热情】	问题1：今天天气可真热呀。刚刚我去小卖部想给我们班56个同学每人买一瓶水，但是售货员一瓶一瓶很慢地数，我等不及，就没买成。同学们，如果是你是售货员的话，你会怎么办？	回答： 生1：找人帮忙数； 生2：先数出一箱矿泉水的数量，酌情增减，凑齐56瓶	创设问题情境，激发学习兴趣，使学生很快进入学习角色
	问题2：那么，如果有一个人跑进来说，老板，我要买1000颗大米，你怎么办？（假设每一颗大米都是完整等同的）	回答：先算出20颗大米，称得质量为w，再称量$50w$的大米	建立“堆量”的概念
	问题3：最后一个问题，如果他要买1000个铁原子，你会卖给他吗？	讨论，做出不同回答：（1）不会，铁原子是微观物质，无法测量（太小）；（2）会，如果能称得20个铁原子的重量，可以对比数大米的方法	让学生意识到确定一个能够代表微粒“集团”的物理量的重要性
	过渡：正所谓“工欲善其事，必先利其器”，我们学习了本节课的知识，最后再来解决这个问题		

续上表

教学环节与教学内容	教师活动	学生活动	设计意图
【创设问题情境，联系生活，掌握新知】	展示蛋托、牛奶箱、粉笔盒。提问：一个蛋托可以放多少个鸡蛋？一个牛奶箱可以放多少盒牛奶？一盒粉笔有多少支小粉笔？	回答：30个鸡蛋、24盒牛奶、46支小粉笔	利用生活素材，从生活走近化学
	讲述：如果有人要买60个鸡蛋，售货员可以拿2盒鸡蛋给他，如果想买24盒牛奶，可以拿1箱给他……那么，有没有一种计量工具是针对微观粒子的呢？有！这就是我们今天的主角——物质的量	认真听讲	帮助学生明白物质的量是连接微观世界和宏观世界的桥梁
	提问：有没有哪位同学能够概括物质的量的含义呢？	翻阅课本，回答：物质的量表示含有一定数目粒子的集合体，我们用符号“n”来表示	
	讲述：“物质的量”这四个字是一个整体，不得简化或增添任何字。它是一个物理量，我们在小学时学习过“长度”这个物理量（播放多媒体）。长度的量纲是米，光在真空中于1/299792458秒时间间隔内所经路径的长度为1米。那么物质的量的量纲是什么？	阅读课本，回答：摩尔；摩尔的确立标准是以0.012 kg的^{12}C中所含的碳原子数，约6.02×10^{23}个	系统地介绍物质的量，使学生直观地掌握知识
	教师引导学生总结：摩尔也可以简称摩，我们将含有6.02×10^{23}个粒子的任何粒子集合体称为1 mol。那么，能不能说1 mol人？1 mol大米？1 mol氢呢？ 强调：物质的量的计量对象是微观粒子。我们使用物质的量计量时一定要指明具体的物质	学生猜测，说法不一	强调适用情况，引起学生注意

续上表

<table>
<tr><th>教学环节与教学内容</th><th>教师活动</th><th>学生活动</th><th>设计意图</th></tr>
<tr><td rowspan="5">【创设问题情境，联系生活，掌握新知】</td><td>过渡：请同学们翻开课本 P11，完成学案上的表格。
<table>
<tr><th>物理量名称</th><th>单位名称</th><th>单位符号</th></tr>
<tr><td>长度</td><td>米</td><td>m</td></tr>
<tr><td>质量</td><td>千克</td><td>kg</td></tr>
<tr><td>时间</td><td>秒</td><td>s</td></tr>
<tr><td>电流</td><td>安培</td><td>A</td></tr>
<tr><td>热力学温度</td><td>开尔文</td><td>K</td></tr>
<tr><td>发光强度</td><td>坎德拉</td><td>cd</td></tr>
<tr><td>物质的量</td><td>摩尔</td><td>mol</td></tr>
</table></td><td>填写表格</td><td>让学生体会物质的量作为国际七个基本物理量之一的重要性</td></tr>
<tr><td>提问：有哪位同学能够说说“pair”“decade”“dozen”这三个英语单词的意思？</td><td>回答：对、十、打</td><td></td></tr>
<tr><td>讲述：我们把两个称为一对，把十二个称为一打，把 N_A——0.012 kg 的 ^{12}C 中所含的碳原子数（约 $6.02\times10^{23}\ mol^{-1}$）称为阿伏伽德罗常数。阿伏伽德罗常数是一个理论精确值，而 6.02×10^{23} 是一个常用近似值，它们的关系就像 π 与 3.14 一样</td><td>认真听讲</td><td>学科之间是相互联系的，提问英语单词的意思，令学生耳目一新</td></tr>
<tr><td>提问：40 支筷子就是 20 双，24 罐啤酒就是两打。那么 1.204×10^{24} 个 H 是多少 mol 氢原子？5 mol 的 O_2 中有多少个氧气分子？</td><td>回答：2 mol；5 mol</td><td></td></tr>
<tr><td colspan="2">师生共同总结：所以，我们总结出物质的量 n、微粒数 N 和阿伏伽德罗常数 N_A 之间的关系：$n=\frac{N}{N_A}$</td><td>通过举例和类比方法，把陌生的理论知识拉近到了学生熟悉的知识层次</td></tr>
</table>

续上表

教学环节与教学内容	教师活动	学生活动	设计意图
【知识拓展】	讲述： （1）摩尔日是一个流传于北美化学家间的非正式节日，通常他们在10月23日的上午6:02到下午6:02之间庆祝。 （2）6.02×10^{23}粒米可供全球60亿人每天吃一斤，能吃一万年。 （3）将6.02×10^{23}个一角硬币排起来，可以来回绕地球和太阳之间达400亿次之多	通过例子自主强化物质的量的数值之巨大，理解计量对象不能用于宏观物体，只能适用于微观粒子	通过资料卡片为学生补充一些课外小知识，将陌生的物质的量与实际生活相互联系，化乏味为生动，从化学走向社会
【练习巩固】	PPT展示练习： 1. 物质的量、摩尔的计量对象是（　　），使用时应该指明是哪种微粒。 2. 1mol的标准是：（　　）中所含的碳原子数，约为（　　）个。 3. 下列对摩尔的叙述中，正确的是（　　）。 A. 表示物质数量的单位 B. 表示物质质量的单位 C. 表示物质微粒的单位 D. 表示物质的量的单位 4. 2 mol氯气中含有（　　）。 A. 2 mol氯原子 B. 2.408×10^{24}个氯原子 C. 2 g氯元素 D. 4 g氯分子 5. 下列说法中，正确的是（　　）。 A. 1 mol氢约含有阿伏伽德罗常数个氢 B. 1 mol氯化钙中含有2 mol氯离子 C. 1 mol电子约含有6.02×10^{23}个电子 D. 1 mol水中含有1 mol氢分子和1 mol氧原子	回答： 1. 微观粒子； 2. 0.012 $kg^{12}C$ 6.02×10^{23}； 3. D；4. B； 5. B	

续上表

教学环节与教学内容	教师活动	学生活动	设计意图
【寓学于乐，归纳小结，巩固新知】	讲述：我们来做一个小游戏。这是一叠上面写着各种化学物质的扑克牌，包括化合物、原子、离子或原子团等。参与者每人手里拿着十张牌，甲打出一张任意牌，并说出“n mol 微粒”，乙可以打出任意组合牌，但要包含甲所说的等量微粒。如果乙没有，就抽一张牌，进入下一回合；乙出牌，以此类推，最后牌少者胜出。如果双方任何一人打错牌或说错，便落败。 比如说，甲打出一张 Na_2SO_4，并说出 2 mol Na^+，此时乙可以打出一张 Na_2CO_3 或者一张 NaOH 和 NaCl，并说出 2molNa^+。大家明白游戏规则吗？	开始进行游戏，课堂气氛活跃热烈	通过进行小游戏，让学生激发学习兴趣，寓学于乐，以乐促学
【课堂小结】	师生共同总结画出关系图。 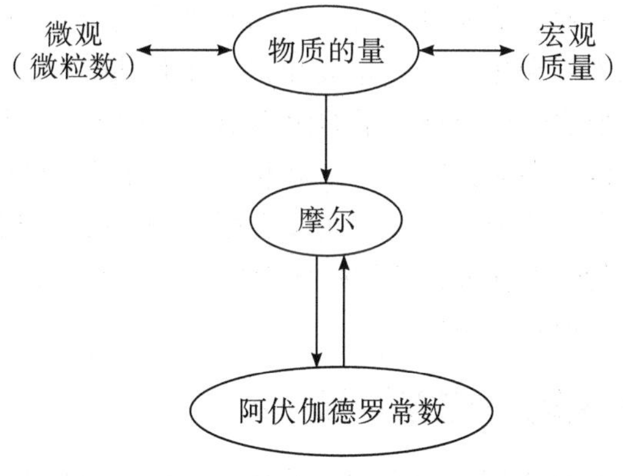 		

四、教学特色

本课时内容较少，抽象，难以理解。本课着重于使学生理解物质的量的含义及其适用范围，利用生活素材，将理论知识与生活实际相联系，从生活走近化学；创设各种问题情境，激发学生的学习兴趣；学生通过思考问题、解决问题，提炼、总结出物质的量的概念；利用对比思维方法，从已知的“长度”迁移到未知的“物质的量”，以原有的经验为基础，符合问题探究式学习的理念。

基于化学学科核心素养的“化学反应的速率和限度”的教学设计

韩山师范学院化学与环境工程学院　许丹萍

摘要：本文以“化学反应的速率和限度”教学为例，探索在高中化学课堂中如何从变化观念与平衡思想、科学探究与创新意识的维度构建学生的科学本质观，发展学生的化学学科核心素养。

关键词：学科核心素养；反应速率；反应限度；实验探究

一、教学背景

本课题选自新课标人教版高中化学必修 2 第二章第三节。教学内容分为两部分：第一部分，从日常生活中学生熟悉的化学现象和化学实验入手，引出反应速率的概念。在此基础上又通过实验探究，总结影响化学反应速率的因素。这部分内容是后面学习化学反应限度概念的基础。第二部分，在对影响化学反应速率的因素进行实验探究和总结后，教材又设置新的实验探究，让学生发现化学反应限度问题，经过对该问题的再认识，逐步形成了化学反应限度的概念，并用上述观点为指导去分析和解决实际问题。

本节课的授课对象是高一普通班学生。在知识的储备上，通过前一专题的学习，学生了解了化学反应的本质和化学键的相关知识。在此基础上，就比较容易理解化学反应速率的快慢是首先取决于反应物分子的内部结构即内因，外界条件（如温度）是影响化学反应速率的外因。在能力储备上，学生已经学习了一些基本的实验操作方法，已有一定的实验能力和分析能力，能够对实验有很好的把握，具备了一定的化学思维能力，能够完成本节课的学习任务，并较好地把握学习内容。但是学生的合作意识与探究意识还不够完善，需要正确引导。

二、基于化学核心素养的教学目标确立

（1）通过对化学反应速率影响因素的实验探究，学会收集、整理、归纳、总结和概括知识，提高科学探究和动手实验能力，发展“科学探究与创新意识”的核心素养。

（2）通过探究化学反应速率的影响因素，认识反应条件对化学反应速率的影响，发展“变化观念与平衡思想”的核心素养。

三、教学过程

教学过程设计如表 1 –2 –4 所示。

表1－2－4　教学过程设计

教学环节与教学内容	教师活动	学生活动	设计意图
【联系生活引入，激发学生学习兴趣】	提问： （1）同学们，你们家里是如何存放各种食物的？为什么？ （2）请用“较快、快、慢、较慢”来形容爆炸、牛奶变质、铁棒生锈、溶洞的形成。（向学生展示爆炸、牛奶变质、铁棒生锈、溶洞形成的图片）	思考，回答问题： （1）放入冰箱，腌制，干燥……目的：减缓腐败的速度。 （2）爆炸：较快；牛奶变质：快；铁棒生锈：慢；溶洞：较慢	从日常生活的问题引入新课，吸引学生注意，活跃课堂气氛
	讲述：不同的化学反应进行的快慢千差万别，“快”与“慢”是相对而言的，是一种定性的比较，通常要确定一个参照物。这样不方便我们进行科学研究和实际应用，因此，我们需要对化学反应进行的快慢进行定量的描述或比较。在物理学上，我们是用什么来描述物体运动快慢的？与物理学中的“速度”相类似，在化学中，我们可以用什么来表示化学反应过程进行的快慢呢？	回答：速度；反应速率	通过已知的知识“速度”，类比出未知的知识“反应速率”，易于接受、理解
【学习新概念】	提问：化学反应速率的概念是什么？	回答：化学反应速率通常用单位时间内反应物浓度的减少量或生成物浓度的增加量来表示	
	提问：由这个概念，同学们可以获得哪些信息？比如： （1）这里的化学反应速率指的是瞬时速率还是平均速率？ （2）什么可以决定化学反应速率的大小？ （3）化学反应速率与浓度的变化量有关，那么，它能表示固态物质或者纯溶液吗？	思考，回答： （1）平均速率； （2）时间的变化量和浓度的变化量； （3）不能，因为反应前后浓度不变	

续上表

教学环节与教学内容	教师活动	学生活动	设计意图
	讲述：化学反应速率指的是平均速率，而非瞬时速率；它的大小由浓度的变量与时间的变化量的比值决定；它只能表示溶液或者气体，固态物质和纯液体由于反应前后没有浓度的变化，因此不适用	认真听讲	
	提问：如果反应速率用 v 表示，时间的变化量用 Δt 表示，浓度的变化量用 Δc 表示，根据概念，写出数学表达式。	思考得出：$v=\dfrac{\Delta c}{\Delta t}$	
	提问：浓度的变化量 Δc 的单位用 mol/L，时间的变化量 Δt 的单位用 min 或者 s，请写出反应速率 v 的单位。	思考得出单位：mol/(L·min) 或 mol/(L·s)	
	讲述：对于一些比较复杂的单位，我们不需要死记硬背，这些单位都是可以通过公式推导出来的		
【巩固和应用】	展示 PPT。 ［例1］化学反应：$2H_2O_2 \xlongequal{} 2H_2O + O_2\uparrow$ 在 5 min 的时间内 H_2O_2 的浓度由 3 mol/L 减小 0.5 mol/L，求 H_2O_2 的化学反应速率。 ［例 2］在一定温度、压强下，2 L密闭容器中发生反应：A（g）+ 3B $\xlongequal{}$ C（g），初始加入 A 1 mol，B 3 mol，经过 30 s 后，测定 A 为 0.1 mol。B、C 各剩余多少？在这段时间内 A、B、C 的反应速率各是多少？（在例 2 的讲解中引入“三段式”解法）	练习，听讲	通过习题练习，学生可以运用新学的知识解决问题，巩固新知识
	提问：通过例题 2，同学们能不能再总结出化学反应速率的特点？比如：同一个反应中，不同物质表示的化学反应速率是否相同，它们的数值有什么特点等	回答：同一个反应，用不同的物质表示化学反应速率的数值可能不同，但都是正值，它们的反应速率之比等于各物质的计量数之比	

续上表

教学环节与教学内容	教师活动	学生活动	设计意图
	归纳整理： （1）同一个反应，用不同的物质来表示反应速率，数值是可能不同的，所以应注明是由哪种物质表示的，但意义相同。 （2）化学反应速率指的是平均速率而不是瞬时速率。 （3）方程式中化学反应速率之比等于各物质的计量数之比。 （4）化学反应速率一定是正值		通过习题总结知识，锻炼学生的总结归纳能力
【实验探究】	提问：日常生活中，汽车加大油门，向炉膛鼓风，用煤粉代替煤块，把食物放进冰箱里，在糕点包装内放置小包除氧剂，等等，就是为了改变反应速率而采取的措施。那么，同学们知道影响化学反应速率的外界因素有哪些吗？ 引导思考： （1）为什么要将食物存放在温度低的地方？（如电冰箱） （2）实验时，通常要将两种块状或颗粒状的固体药品研细，并混匀后进行反应。原因是什么？ （3）人们常把固体试剂溶于水溶液后进行化学实验，原因是什么？ （4）实验室常用30%左右的硫酸溶液与锌粒反应制取氢气，当反应进行一段时间后，气泡变得稀少了（锌粒还有剩余），如果添加一些适当浓度的硫酸溶液到反应容器中，气泡又会重新增多起来。原因是什么？	思考，讨论，回答： （1）降低温度，可以延缓食物腐败的速率。 （2）增大反应物的表面积可以加快反应速率。 （3）反应的状态不同，反应速率不同。 （4）反应物的浓度对反应速率有影响	通过教师的引导，学生做出猜想
	提问：通过这些事例，结合之前所学过的知识，同学们猜想一下影响化学反应速率的外界因素有哪些？	做出猜想： （1）温度对化学反应速率有影响。 （2）是否加入催化剂对化学反应速率有影响。 （3）溶液的浓度对化学反应速率有影响。 （4）固体的表面积对化学反应速率有影响	

续上表

教学环节与教学内容	教师活动	学生活动	设计意图
	讲述： （1）如何设计实验？首先要明确实验目的，以及探究什么条件对反应速率有影响；其次根据实验目的，选择适合的反应物，知道实验原理，然后在此基础上，考虑怎样操作简单、现象明显，为了保证实验设计的合理、有效性进而采用合理的实验步骤和方法。 （2）指明某一条件的改变，即进行实验设计时，只考虑有一个条件是变量，其余条件保持不变	听讲	总结，让学生明确设计实验的方法。
【活动与探究】	展示 PPT： （1）实验目的：探究对化学反应速率的影响因素。 （2）实验要求：可以参考课本的实验 2－5、实验 2－6，也可利用现有的实验用品进行实验设计和改进。 （3）实验用品：试管、锥形瓶、试管架、量筒、药匙、保温杯（内装热水）、气球、铁片、镁片、铝片、铁粉、$NaHCO_3$ 粉末、$FeCl_3$ 溶液、MnO_2、盐酸（2 mol/L，0.20 mol/L）、H_2O_2 溶液（5%、12%）、$KMnO_4$ 溶液，硫酸溶液，$H_2C_2O_4$ 溶液（2 mol/L，0.20 mol/L）， （提示：$KMnO_4$ 紫红色，$MnSO_4$ 无色，$2KMnO_4 + 5H_2C_2O_4 + 3H_2SO_4 = K_2SO_4 + 2MnSO_4 + 10CO_2\uparrow + 8H_2O$） 讲述：接下来我们来探讨如何设计实验验证我们的猜想，请同学们边思考边填写【活动与探究】表格	听讲	通过教师的引导，学生设计实验方案

续上表

教学环节与教学内容	教师活动	学生活动	设计意图
	提问：如果我们的探究目的是“探究温度对化学反应的速率有影响”这个猜想，我们该如何设计实验？首先，我们要明确这个实验的唯一变量是什么？	回答：温度	
	讲述：因此，我们的实验设计思路应该是这样的：其他实验条件一致，通过改变反应温度的大小，观察反应速率是否不同		
	提问：课本实验2-5是探究温度对反应速率的影响，实验原理是什么？	回答：$2H_2O_2 = O_2\uparrow + 2H_2O$	
	提问：我们如何判断该反应的反应速率快慢呢？	回答：通过观察气泡产生快慢来判断反应速率的快慢	
	提问：同学们，你们觉得课本的实验可以如何改进呢？ 提示：实验改进的思考角度，可以是改进实验装置、实验的药品或者实验的方法。结合现有的实验用品，发挥你们的想象。比如：在该实验中，课本是通过观察气泡产生快慢来判断反应速率的快慢的，同学们有没有其他的想法能更直观地判断反应速率的快慢呢？	思考，回答：可以在试管口罩上一个气球，通过观察气球变大的速度，就可以判断出反应生成氧气的快慢；课本可以再增加一组空白实验，这样可以同时观察热水中、常温、冷水中的实验现象	
	提问：课本实验2-6是“探究催化剂对化学反应速率的影响”，它的实验变量是是否加入催化剂，那么它的实验原理是什么？	回答：$2H_2O_2 = O_2\uparrow + 2H_2O$	
	讲解：实验2-6和实验2-5的实验原理相同，所以，理论上我们都可以通过观察气球变大的速度来判断出反应生成氧气的快慢		

续上表

教学环节与教学内容	教师活动	学生活动	设计意图
	提问：除此之外，同学们还有没有其他实验改进的方法？比如用其他实验原理来验证这个猜想？我们学习过制备氧气的方法，除了分解过氧化氢需要用到催化剂，还有哪个反应也是需要催化剂的？	回答：$2KClO_3 \xlongequal{\triangle} 2KCl + 3O_2\uparrow$	
	讲解：这个反应也可以用来探究催化剂对化学反应速率的影响，但是该反应需要加热，比较复杂。我们改进实验要使实验尽量容易操作		
	提问：那么“探究溶液的浓度对化学反应速率的影响”应该如何设计实验呢？	思考，回答：不同浓度的盐酸与相同质量的 $NaHCO_3$ 粉末反应，观察产生 CO_2 的快慢；不同浓度的盐酸与相同质量的铁片（或者镁片、铝片、铁粉）反应，观察产生 CO_2 的快慢；$KMnO_4$ 溶液、硫酸溶液，与不同浓度 $H_2C_2O_4$ 溶液反应，记录 $KMnO_4$ 溶液褪色所需要的时间	
	提问：“探究反应物的表面积对化学反应速率的影响”又应该如何设计实验呢？	回答：铁粉和铁片分别与相同浓度的盐酸反应	

续上表

教学环节与教学内容	教师活动	学生活动	设计意图
【分组实验】	将全班学生分成4组，分别探究温度、催化剂、浓度、固体表面积等对化学反应速率的影响。引导学生完成学习辅助卡中【探究与活动】中的内容	进行实验设计，填写辅助卡中【探究与活动】，并进行实验，验证猜想	学生亲自做实验探究，既加深印象，也锻炼了动手实验的能力。通过实验探究，学生自主总结实验结论，锻炼学生的观察分析能力
	提问：通过以上的实验探究，同学们能得到什么结论？说一说你们在这个过程中的心得体会。请小组派代表发言	互相交流，派代表发言：温度对化学反应速率有影响。升高温度，能加快反应速率；加入催化剂能加快化学反应速率；溶液的浓度对化学反应速率有影响，浓度越大，反应速率越快；固体的表面积对化学反应速率有影响，表面积越大，反应速率越快	
【知识归纳，巩固新知】	通过上面的实验和事例，我们可以得出：温度、催化剂、固体表面积、溶液的浓度等都可以影响化学反应的速率，人们可以通过这些因素来调控化学反应速率		

四、教学反思

本节课通过学习辅助卡，让学生明确学习目标，使学生学有方向，促使学生积极探索发现。新课程倡导以“主动参与，乐于探究，交流与合作”为主要特征的学习方式，这是广大教师课堂教学中需要积极探索的问题。在本节课的教学中，通过用设计实验的方法进行化学探究，培养了学生的动手能力，让学生明确化学是一门以实验为基础的学科，同时与学生所熟悉的生活、生产经验相联系，让学生体验化学学习的价值，增加学生化学科学的兴趣。

基于化学学科核心素养的“离子键”的教学设计

韩山师范学院化学与环境工程学院　杨丹

摘要：本文以“离子键”教学为例，探索在高中化学课堂中如何从宏观辨识与微观探析、科学探究与创新意识的维度构建学生的科学本质观，发展学生的化学学科核心素养。

关键词：学科核心素养；离子键；微课教学

一、教学背景

本节课内容选自人教版高中化学必修 2 第一章第三节“化学键”第 1 课时。从教学编排来看，本节的离子键内容，是在学习了原子结构、元素周期律和元素周期表后，在原子结构的基础上对分子结构知识的学习，有利于学生进一步对物质结构理论有一个较为系统的认识，也为之后揭示化学反应的实质构建了理论铺垫。故本节内容是本单元的重点内容。

本节课的教学对象是高一学生，本节课理论性只是占有一定的篇幅，虽然学生具有一定的思维能力，但是对于新知识需要的抽象思维能力还是不足的。针对这种情况，通过用实验和视频将知识化静为动，变抽象为形象，将抽象的概念直观化，将理性的概念感性化，可以让学生能通过实验和相关视频来直接看到离子化合物的形成过程，充分调动学生学习的兴趣。

二、基于化学核心素养的教学目标确立

（1）通过实验的演示，学会收集、整理、归纳、总结和概括知识，养成观察分析实验现象、得出结论的能力，发展“科学探究与创新意识”的核心素养。

（2）由离子通过离子键能结合成离子化合物，学会判断离子化合物的类型，学会微观的问题研究方法，发展“宏观辨识与微观探析”的核心素养。

三、教学过程

教学过程设计如表 1 -2 -5 所示。

表 1－2－5　教学过程设计

<table>
<tr><th>教学环节与教学内容</th><th>教师活动</th><th>学生活动</th><th>设计意图</th></tr>
<tr><td rowspan="3">【游戏导入，激发学习热情】</td><td>讲述：同学们，在上新课之前，我们先一起来玩个小游戏。
PPT 展示如下图片：
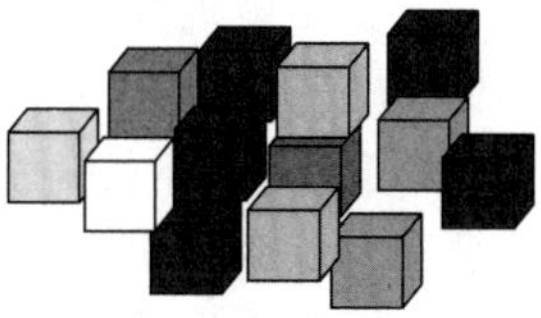
讲述：大家对这个图片一定都不陌生，这是我们小时候玩的积木。现在让我们来找回童年的欢乐。待会我随机请六个同学上来，每个同学要把在 PPT 上的这些积木任意移动组合拼接成三种不同的形状，积木的数量任意，但是不能跟前面的同学重复形状</td><td>把积木拼接成各种各样的形状
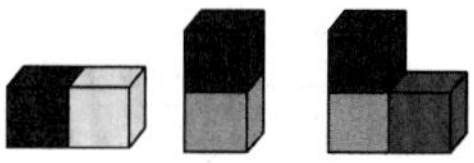</td><td rowspan="3">从生活中学生所熟悉的童年游戏引入课题，使新知识的学习建立在学生已有的知识和经验上，能让学生更好地接受新的知识，促进学生的思维能力，培养学生自主发现新知识的能力</td></tr>
<tr><td>过渡：刚才我们用上面 13 块积木就组出了 18 种形状，大家的表现都特别棒。时间有限，要不然同学们肯定能组出更多的形状。通过刚才的小游戏，我们知道了 13 块积木可以组出 18 种形状，甚至更多。这是不是很像我们上节课学习的元素跟我们生活中的物质之间的关系呢？虽然我们的元素只有 100 多种，但是在我们的生活中却有成千上万的物质</td><td></td></tr>
<tr><td>提问：大家有没有想过，刚才我们通过人的力量把单个的积木组成不同的形状，那么我们的元素又是通过什么力量组成物质的呢？这节课我们就来探究这个问题</td><td>集中精神听讲，并思考教师提出的问题</td></tr>
</table>

续上表

<table>
<tr><th>教学环节与教学内容</th><th>教师活动</th><th>学生活动</th><th>设计意图</th></tr>
<tr><td rowspan="2">【实验探究】
1. 演示实验：氯气与钠的实验</td><td>讲述：我们一起来复习曾经学过的一个实验。大家注意观察并思考问题：实验现象是怎样的？相应的化学方程式又是怎样的？
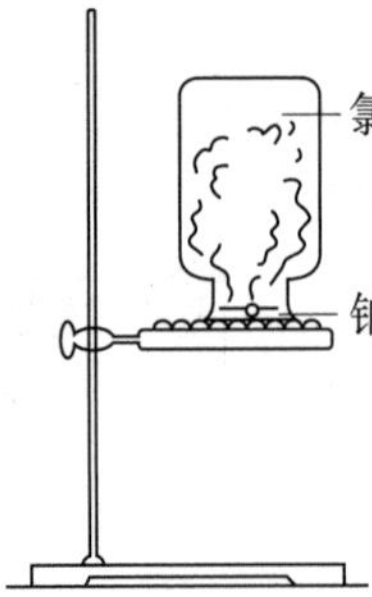
</td><td>观察实验现象，回答：钠在氯气中剧烈燃烧，火焰呈黄色，气体黄绿色逐渐变浅，有大量白烟生成。写出相应的化学方程式</td><td>通过实验使学生直观明了地掌握知识，提高实验能力，激发学生学习兴趣和求知欲</td></tr>
<tr><td>引导：上面的实验我们都很熟悉，钠与氯气反应生成了氯化钠。有一句话叫作“温故而知新”，今天我们从新的角度来认识这个反应。我们前几节课一直在学习原子的相关知识，今天就需要学以致用了。大家一起来思考一个问题：钠和氯气的反应历程是怎样的？钠和氯气是通过怎样的方式形成氯化钠的？（提示：结合我们前几节课学习的原子核外电子得失的相关知识）
<table><tr><th>原子</th><th>原子结构示意图</th><th>形成过程</th></tr><tr><td>Na</td><td></td><td rowspan="2"></td></tr><tr><td>Cl</td><td></td></tr></table></td><td>思考，完成表格</td><td>培养学生发现新知识以及筛选有用答案的能力；利用表格便于回答归纳，渗透旧知识，使学生温故而知新</td></tr>
</table>

续上表

教学环节与教学内容	教师活动	学生活动	设计意图
2. 学习离子键的概念	板书：氯化钠的形成过程如下： 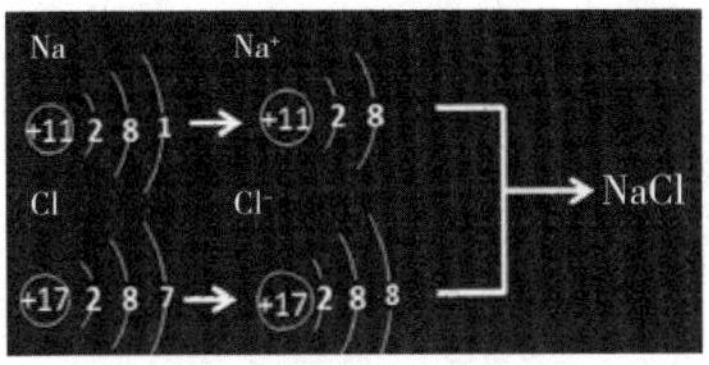 讲述：我们从上面可以看出失去电子后的钠原子和得到电子后的氯原子通过静电作用形成了氯化钠，这样一来，我们就可以解释第一个环节中提出的问题，元素可以通过静电作用形成物质。而在化学中，我们把这种静电作用称为离子键。离子键就是我们这节课的主角了。大家翻开课本，一起划出离子键的概念	在课本上划出离子键的概念	
	讲述：由于我们很少接触像离子键这样比较抽象的概念，下面我们就来一起观看一个动画视频，把这个抽象的概念变为具体。 播放动画视频。 讲述：通过视频，我们对离子键也有了更深的了解。我们一起大声地把离子键的概念说一遍：相反电荷的阴离子和阳离子通过静电作用形成的化学键，称为离子键	观看视频，进一步理解离子键的概念	化静为动，启发学生的想象力，使学生更加理解离子键的概念
	过渡：我们现在知道了元素可以通过离子键形成物质，那么我们可以得出另外一个概念：通过离子键形成的化合物叫作离子化合物。根据我们上述的讲解，我们得知了氯化钠是离子化合物，那么大家可不可以根据离子键的特点说出我们认识的其他离子化合物呢？	倾听，思考，回答：CaO、MgO、KCl 等	启发学生思考，加深学生对知识的理解和记忆

续上表

教学环节与教学内容	教师活动	学生活动	设计意图
	讲述：对的，大家所说的 CaO、MgO、KCl 等都是离子化合物。下面请前后桌同学之间互相讨论，刚刚我们所列举的离子化合物，组成它们的元素都在周期表中的什么位置呢？是否任何的元素都可以组成离子化合物？哪些元素容易形成离子化合物呢？ NaCl　Na　Cl MgO　Mg　O CaO　Ca　O KCl　K　Cl	思考，回答问题	
3. 学习离子化合物	讲述：是的，大家的观察都非常入微。我们上述研究的氯化钠，氯是活泼的非金属元素，在化学变化中容易得到电子，而钠是活泼的金属，容易失去电子。同学们刚刚举的例子 MgO 也是同样的道理，氧是活泼非金属，而镁是活泼金属。所以根据这些离子化合物的组成特点，我们可以得出这样的结论：一般来说，活泼金属与活泼非金属易于形成离子键	认真听讲，记下笔记	
	过渡：从我们上面讲述的氯化钠的形成过程可以看出，在化学反应中，一般都是原子的最外层电子发生反应。那么，当我们要表示反应的整个过程时，应该如何表示呢？如果像上述用原子结构来表示的话，就复杂许多，而且还会非常浪费时间。大家思考一下，我们应该如何直观方便地表示上述的过程？	认真听讲，思考	引出新的疑惑，引导学生逐步进行知识的探索

续上表

教学环节与教学内容	教师活动	学生活动	设计意图
4. 学习电子式	讲述：为了我们以后可以方便地表示离子化合物的形成过程，这节课，我们要引出一个全新的概念：电子式。 诸如以下的形式： $\cdot\ddot{\underset{\cdot\cdot}{Cl}}:$　　$Na\cdot$ 除了用上面的小圆点表示以外，我们也可以用××来表示。	听讲	
	提问：单个的原子用电子式表示起来可能很简单，那么离子化合物呢？是否直接把它们组合起来就可以了？还是有其他的规律？	疑惑，思考	
	把全班同学分成六个小组，一起观看微课视频。 过渡：现在我会发给大家一张小卡片，同学们要根据微课的内容完成小卡片上的要求。第一、二小组完成第一个问题，第三、四小组完成第二个问题，第五、六小组完成第三个问题。 知识小卡片 1. 原子、阴离子、阳离子电子式的书写规律 2. 离子化合物电子式的书写规律 3. 用电子式表示离子化合物的形成过程	分组讨论，完成小卡片，派代表到讲台汇报总结	
	倾听学生代表汇报总结，评价分析，提出错误和需要补充的地方	认真听同学、老师的评价，改正错误	通过微课结合分组学习，使原本枯燥无味的知识变得有趣

续上表

教学环节与教学内容	教师活动	学生活动	设计意图
【知识归纳，提升科学思维】	师生共同归纳：大家的表现都很棒，搜索知识的能力也很优秀，当然，你们难免也会有忽略的知识点，讨论汇报这个过程就是互相进步的过程，所以希望大家通过这次的体验，可以相互学习。现在，我们就要做一个整合的工作，把大家总结到的知识点整合起来，组成一个完整的规律，这也是我们这节课的学习成果： 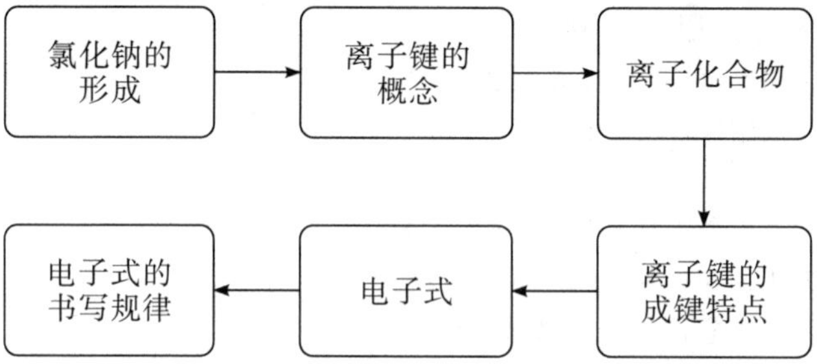 		

四、教学反思

本节课把抽象的理论概念具体化、生动化，让学生的思维更好地从宏观过渡到微观，达到循序渐进的效果，符合学生的认知水平；在传统的离子键教学中，因为教学内容的晦涩难懂，所以很难改进教学的模式，本课采用课中微课教学与分组讨论相结合的方式，让原本枯燥的课堂变得活跃，而分组的学习也让学生有了学习的动力和兴趣，晦涩的知识也因为学生的“动”而变得活起来。

基于化学学科核心素养的“中和反应”的教学设计

韩山师范学院化学与环境工程学院　郑少丽

摘要： 以魔术“变色桥”引入，在问题驱动中采用真实情境的探究教学模式，结合实验与微观动画，从感性基础上突破学生理性认识，建构中和反应的概念，提升学生宏观辨识与微观探析、证据推理与模型认知、科学探究与创新意识的化学学科核心素养。

关键词： 核心素养；教学设计；实验；微观动画；概念建构

一、教学背景

“中和反应”从实质上讲是建构概念的教学，化学概念是中学化学教学中最基础、最关键的知识内容，掌握概念既是获取知识的重要途径，又是形成能力的基础。在初中阶段，要学习掌握的概念其实不少，而传统的课堂教学中，教师为了赶进度等各种因素，在概念教学这一部分时常以结论的形式传授给学生，学生对概念的建构模型总体来说是不清晰不完善的。另外，化学概念是比较抽象的，属于理性认识，它的形成需要依赖学生的感性认识，进而上升到理性认识，在这个过程中，急需建立桥梁让学生学会从感性基础上跨越到理性层面上的理解。

显而易见，传统的“填鸭式”被动灌输教学已不满足时代发展的需求。现今，新课标强调学生的主体地位，倡导发展学生的核心素养，开展以素养为本的课堂教学才是当代教学实践中的新潮流。对于“中和反应”的概念教学，笔者融合证据推理与模型认知、宏观辨识与微观探析、科学探究与创新意识三大化学核心素养，灵活采用追问、实验、动画等多种教学手段，借以建构中和反应的概念，从而实现学生从感性到理性上的再认识。

二、基于化学核心素养的教学目标确立

（1）通过理解“变色桥”模型原理，发展学生“证据推理与模型认知”的核心素养。

（2）通过动手实验及观看微观动画，学会用实验、观察等方式获取信息，知道中和反应的概念，发展学生“证据推理与模型认知”的核心素养。

（3）通过借助酸碱指示剂，设计实验方案进行实验，体验科学探究的过程，发展学习化学的兴趣和“证据推理与模型认知”的核心素养。

三、教学过程

教学过程设计如表 1－2－6 所示。

表 1－2－6　教学过程设计

教学环节与教学内容	教师活动	学生活动	设计意图
【魔术表演，创设情境，激发兴趣】	表演魔术“变色桥”。 	观看魔术	通过魔术创设情境设疑，构建“变色桥”模型，吸引学生的注意力，激发学生的求知欲
	提问，并引导学生思考： 1. 水杯中液体为什么会变色？ 2. 加入的试剂有哪些？	回答：加入的其中两种试剂为稀盐酸和氢氧化钠	

续上表

<table>
<tr><th>教学环节与教学内容</th><th>教师活动</th><th>学生活动</th><th>设计意图</th></tr>
<tr><td rowspan="5">【探究酸与碱之间的反应】</td><td>过渡：刚才魔术中神奇的变色现象会不会是稀盐酸与氢氧化钠混合发生反应？</td><td>思考</td><td rowspan="5">基于宏观辨识，从最初演示实验的无明显现象，引导学生借助酸碱指示剂，在问题情境的驱动下，讨论设计实验方案，并分组进行实验，多感官结合，进而得出明显的实验现象，透过现象分析得出结论。另外，在学生实验的过程中，引导学生规范操作，让学生体验科学探究的过程，提升学生科学探究的学科核心素养，从实验中直观地获取感性认识，也为学生对微观过程的理解、概念建构打下基础</td></tr>
<tr><td>演示实验：在一支试管中加入少量稀盐酸和氢氧化钠，振荡摇匀</td><td>观察实验现象：无明显现象</td></tr>
<tr><td>提问：无明显现象是否就说明反应没有发生？化学反应的本质是什么？</td><td>回答：不是；有新物质的生成</td></tr>
<tr><td>提问：我们要如何验证反应是否发生？
引导学生思考：反应物分别为酸和碱，借用哪些试剂可以明显看出溶液酸碱性的改变？</td><td>回答：紫色石蕊溶液、酚酞溶液</td></tr>
<tr><td>讲述：下面我给同学们提供以下试剂和药品，请大家按以下步骤设计实验方案。
PPT 展示：紫色石蕊溶液、酚酞溶液、稀盐酸、氢氧化钠溶液。
引导学生思考：
（1）指示剂什么时候加入合适？
（2）加入酸碱的顺序不同，能否设计出更多方案？</td><td>规范操作：滴管要垂直悬空，要边滴边振荡，指示剂用量一般滴 1 ~ 2 滴就足够了。
学生方案汇总：
<table>
<tr><th colspan="3">方案汇总</th></tr>
<tr><td>方案一</td><td>HCl + 石蕊 + NaOH</td><td>无色→红色→蓝色</td></tr>
<tr><td>方案二</td><td>NaOH + 石蕊 + HCl</td><td>无色→蓝色→红色</td></tr>
<tr><td>方案三</td><td>HCl + 酚酞 + NaOH</td><td>无色→无色→红色</td></tr>
<tr><td>方案四</td><td>NaOH + 酚酞 + HCl</td><td>无色→红色→无色</td></tr>
</table></td></tr>
</table>

续上表

教学环节与教学内容	教师活动	学生活动	设计意图
	归纳总结：方案一、二中采用石蕊溶液，紫色与红色蓝色易造成干扰。方案三中无色酚酞与酸不变色，可能存在两种情况：其一可能是氢氧化钠与稀盐酸发生了反应，过量的氢氧化钠使酚酞变红；其二可能是氢氧化钠与稀盐酸并没有发生反应，氢氧化钠本身就会使酚酞变红。方案四中先在试管中加入少量的氢氧化钠溶液，再滴加 1 ~ 2 滴酚酞，酚酞遇碱变红，然后逐渐滴加稀盐酸，边滴边振荡，直至最后一滴稀盐酸滴入，溶液呈无色。相较其他三个方案，方案四应为最优方案，因为它明显表明氢氧化钠与稀盐酸发生了反应	在教师的引导下，共同得出结论	
【探究反应的微观过程】	提问：两者反应生成什么？ PPT 播放稀盐酸和氢氧化钠反应的微观过程动画： 讲述：稀盐酸在溶液中会解离出氢离子和氯离子，氢氧化钠在溶液中会解离出钠离子和氢氧根离子	思考，观看动画	基于微观辨析，采用多媒体教学手段，透过实验的宏观现象看反应的微观过程，用微粒的观点解释变化，并用化学符号将其联系，三者结合，建构一个基本的酸碱反应案例，综上促进学生“宏观辨识与微观探析”学科素养的形成
	提问：反应前溶液中的微粒有什么？	回答：H^+、Cl^-、Na^+、OH^-	
	提问：反应后溶液中的微粒有什么？	回答：Cl^-、Na^+、H_2O	

续上表

教学环节与教学内容	教师活动	学生活动	设计意图
	PPT 展示： $HCl + NaOH = NaCl + H_2O$ $2HCl + Ca(OH)_2 = CaCl_2 + 2H_2O$ $H_2SO_4 + 2NaOH = Na_2SO_4 + 2H_2O$ $H_2SO_4 + Ca(OH)_2 = CaSO_4 + 2H_2O$ 讲述：在第二个杯子中滴了几滴酚酞，其原理是利用酸碱反应前后溶液酸碱性的变化使酚酞变色的		从一个反应案例到一类反应，建构中和反应概念，利用概念解释前面模型原理，升华整个概念建构过程，发展学生学会用化学知识解决问题的能力

四、教学反思

（1）初三学生刚步入化学学习的启蒙阶段，其学习需要一定的动机和兴趣来支撑，本次开头基于“变色桥”模型的建立，将物理学上的“虹吸原理”渗透运用到化学概念教学中，吸引学生的有意注意，激发了学生的好奇心和求知欲，从对内容的学习进而推理模型原理，潜移默化地提升学生证据推理与模型认知的核心素养，促进学科思维的养成。

（2）化学概念是经过高度概括的，具有抽象性，因此让概念可视化是建构中和反应概念的有效手段。要做到让概念可视化，可以通过化学实验，从宏观现象就可以直观地看到反应是否发生，进而从感性基础上深化到理性认识，透过现象分析其微观本质，然后在微观粒子作用历程中，可借助多媒体教学手段，通过微观动画让学生加深对概念的微观理解，加以化学符号表征，提升学生宏观辨识与微观探析的核心素养，促进学生学科观念的养成。

（3）基于核心素养视域下，采用问题驱动的实验探究式教学有利于引导学生建构抽象的概念。奥苏贝尔说过：如果要把所有教育学的原理归纳为一句话，那就是探明学生已经知道什么，并据此进行教学，在学情把握学生的已知与未知的基础下，通过实验探究教学，并在教学中创设问题情境，其实就是呈现给学生一个“看得见、摸得着”的“历历在目”的包含问题的“真实情境”。这可以唤起学生的求知欲和相应的情感体验，能有效提高学生在化学学科上的长久的“学习力”，进而促进抽象概念的学习。

以化学核心素养为本的“如何正确书写化学方程式”的教学设计

韩山师范学院化学与环境工程学院　叶启凤

摘要： 本文以“如何正确书写化学方程式”教学为例，探索在初中化学课堂中如何从证据推理与模型认知、科学态度与社会责任的维度构建学生的科学本质观，发展学生的化学学科核心素养。

关键词： 学科核心素养；化学方程式；模型认知

一、教学背景

本课题内容选自人教版化学九年级上册第五单元“化学方程式”课题2，主要讲了书写化学方程式的原则、方法和步骤。化学方程式的书写是学习化学的根本。本课题内容既是对课题1“质量守恒定律”做进一步解释，又是为课题3“利用化学方程式的简单计算”做铺垫，在教材中起着承上启下的作用。

本节课的教学对象是初三普通班的学生，基础属于中等，要顺利地推进本节课的教学，学生必须具备的基础是：能正确书写元素符号及物质的化学式；能理解质量守恒定律的含义；能通过已学的知识掌握简单反应的反应物和生成物。鉴于我班的学生比较活跃，对化学式的基础不扎实。因此，设计在课堂上花少量的时间做一个铺垫，让学生写出一些元素的符号及某些物质的化学式。另外，我也认识到化学方程式的书写不可能一蹴而就，需要在以后的不断学习中加深体会，逐步熟练。因此，本节课不宜做难度很大的练习，讲多种配平方法，以免影响学生学习的积极性。

二、基于化学核心素养的教学目标确立

（1）通过学习正确书写化学方程式的步骤，建立起书写化学方程式的模型，运用到整个化学学习过程中，发展学生“证据推理与模型认知”的化学学科核心素养。

（2）通过学习正确书写化学方程式的第一步是建立在客观事实上，树立学生尊重客观事实的辩证唯物主义科学观念，养成实事求是的科学态度，发展“科学精神与社会责任”的化学学科核心素养。

三、教学过程

教学过程设计如表1－2－7所示。

表 1-2-7 教学过程设计

教学环节与教学内容	教师活动	学生活动	设计意图
【巩固基础，做好铺垫，引出新课】	PPT 展示： （1）写出下列元素的符号：碳、磷、硫、铁、铜。 （2）写出下列物质的化学式：氧气、二氧化碳、水、五氧化二磷、硫酸铜、氢氧化钠、二氧化硫	根据 PPT 给出的元素及物质，写出相应的元素符号及相应的物质化学式： 元素符号：C、P、S、Fe、Cu。 物质化学式：O_2、CO_2、H_2O、P_2O_5、$CuSO_4$、NaOH、SO_2	为学生在课堂上理解有关化学方程式的书写做铺垫
【建立模型，掌握重点】	讲解：书写化学方程式的两大原则：一是必须以客观事实为基础，不能凭空臆造事实上不存在的物质和化学反应；二是遵守质量守恒定律，等号两边各原子的种类与数目必须相等	根据老师的讲解，慢慢体会两条原则的含义	为学生书写化学方程式时要注意的要点奠定基础
	PPT 展示： 书写化学方程式的步骤： （1）写（根据实验事实，在式子的左、右两边写出反应物和生成物的化学式，并在式子左、右两边之间画一条短线）	认真看 PPT，并根据文字的解释与老师的讲解，领会第一步骤	学生巩固前面所学知识，联系前后内容，激发学生兴趣
	讲解：以氢气和氧气反应生成水为例，在黑板上写出： $H_2+O_2—H_2O$		
	PPT 展示： （2）配（配平化学方程式，并检查式子左右两边各元素原子的种类和数量，使化学方程式遵守质量守恒定律）	认真看 PPT，并根据文字的解释与老师的讲解，领会第二步骤	

续上表

教学环节与教学内容	教师活动	学生活动	设计意图
	讲解：由于在后面有详细地介绍配平的方法，因此在这里只是简单地先讲一下。在副板书上配平化学方程式，在 H_2 前配 2，在 H_2O 前配 2	认真听老师讲解，并在脑子里回忆质量守恒定律，即“反应前后原子的种类和数目均相等”	
	PPT 展示： （3）注（注明化学反应发生的条件）；等（把“——”改为“══”）	认真看 PPT，并根据文字的解释与老师的讲解，领会第三步骤	
	布置阅读： 阅读 P100 下面两段文字，找出标注的要点。 将全班分成三组，并分别对应讨论标注的原理： $KMnO_4 \xlongequal{\triangle} K_2MnO_4 + MnO_2 + O_2\uparrow$ $S + O_2 \xlongequal{点燃} SO_2$ $Fe + CuSO_4 \xlongequal{} Cu + FeSO_4$	前后桌同学间进行讨论，得出标注要点的结论。派代表回答： 第一组代表：由于反应只有一个反应条件加热，所以要在等号上方标注“△”，生成物中有气体 O_2，反应物中没有气体，所以在生成物 O_2 后面要标注“↑”； 第二组代表：由于反应只有一个反应条件点燃，所以要在等号上方标注“点燃”，生成物中有气体 SO_2，反应物中也有气体 O_2，所以在生成物 SO_2 后面不用标注“↑”； 第三组代表：由于反应在常温下就可以发生反应，所以在等号上方不需要标注反应条件，生成物中有固体 Cu，而反应物中也有固体 Fe，所以在生成物 Cu 后面不用标注“↓”	通过自学能理解标注的要点；通过例题加深学生对标注要点的印象，便于提高课堂效率；分组讨论，有助于提高学生合作讨论能力与整合能力

续上表

教学环节与教学内容	教师活动	学生活动	设计意图
	PPT 展示： （4）查（检查化学式书写是否正确，化学方程式是否配平，反应条件、物质状态标注是否正确、恰当）	认真看 PPT，并根据文字的解释与老师的讲解，领会第四步骤	
	讲解：我们可以看到化学式书写都是正确的，化学方程式也配平了，反应条件、物质状态标注都正确，所以此方程式书写完成		
	提问：为什么氢氧化钠和硫酸铜反应的化学方程式： $2NaOH + CuSO_4 \xlongequal{} Na_2SO_4 + Cu(OH)_2\downarrow$ 中生成物 $Cu(OH)_2$ 要标注“↓”？	猜想：因为 $Cu(OH)_2$ 是沉淀，不溶于水	通过教师的提问，学生再次回顾标注的要点，加深印象
	演示实验：演示氢氧化钠溶液与硫酸铜溶液反应的实验	观察实验现象	选用本演示实验，有针对性地让学生对知识点融会贯通，直观地观察到实验现象，激发学生的学习兴趣。通过提问，学生能根据老师的要求思考问题，开动学生的思维
	提问：在实验中，你们能观察到什么实验现象？	回答：有蓝色沉淀生成	

续上表

教学环节与教学内容	教师活动	学生活动	设计意图
	讲解：正如同学们所看到的，在氢氧化钠与硫酸铜的反应中，生成物 $Cu(OH)_2$ 是蓝色沉淀，而反应物中没有固体，所以在 $Cu(OH)_2$ 后要标注"↓"。 举例：Fe 置换 $CuSO_4$ 中的 Cu 后面用不用加"↓"？	根据老师所给信息，写出 Fe 置换出 $CuSO_4$ 中的 Cu 的化学方程式，并回答反应物中有固体 Fe，生成物中析出固体 Cu，所以生成物 Cu 后面不用加"↓"	结合相关例子，有对比性地讲解，有利于学生对标注的要点举一反三
	布置练习： 判断下列方程式是否正确，并说明原因： （1）$2NaOH + CuSO_4 = Cu(OH)_2\downarrow + Na_2SO_4$ （2）$Fe + CuSO_4 = Cu + FeSO_4$ （3）$P + O_2 \xlongequal{点燃} P_2O_5$	回答：方程式 1、2 正确，因为遵循以客观事实为基础和质量守恒定律两个原则；方程式 3 不正确，因为方程式 3 只遵循以客观事实为基础原则，不遵循质量守恒定律原则	设置练习，既让学生巩固前面所学知识，又让学生留下疑惑，怎么才能遵循质量守恒定律呢？进而延伸讲解配平原则
	PPT 展示： 化学方程式的配平方法： （1）最小公倍数法 举例：$P + O_2 \xlongequal{点燃} P_2O_5$		
	讲解：找出两边同一种原子 O，左边有 2 个氧原子，右边有 5 个氧原子，最小公倍数为 10，除以氧原子个数即为化学式前面的化学计量数，左边氧原子个数为 2，所以 O_2 的计量数为 5，右边氧原子个数为 5，所以 P_2O_5 的计量数为 2，由于磷原子个数前后不相等，找出右边磷原子个数为 4，左边磷原子个数为 1，所以在 P 前配 4	认真听讲	了解最小公倍数配平方法的原理

续上表

教学环节与教学内容	教师活动	学生活动	设计意图
	PPT 展示： 观察法举例： $Fe_2O_3 + H_2 \xlongequal{高温} H_2O + Fe$		
	讲解：把组成最为复杂的物质计量数定为1，Fe_2O_3计量数为1（可不写），接下来观察左边铁原子个数为2，根据质量守恒定律的原则，右边有铁原子的只有Fe，所以Fe前面配2，左边氧原子个数为3，同样，右边含有氧原子的只有H_2O，所以H_2O前面配3，右边氢原子个数为6，根据质量守恒定律的原则，H_2前面配3	认真听讲	
【回顾小结，课外延伸，学以致用】	师生共同小结： 回顾一遍书写化学方程式的步骤：第一步为写（根据所给信息点，写出符合客观事实的化学方程式），第二步为配（方程式前后所有相同原子的个数及质量均相等，即符合质量守恒定律），第三步为注（注意标注的各要点，并总结出反应物与生成物同时有析出沉淀或同时放出气体的情况），第四步为把“——”改为“══”，第五步为查，方程式完成		让学生回顾写化学方程式的步骤，有利于学生掌握本节课重点
	布置课后练习：完成P101练习与应用第1题		学与练相结合，巩固所学内容

四、教学反思

本节课的重点是：正确书写化学方程式，通过讲练结合与逐步引导，结合本班学生学情，逐步建立起正确书写化学方程式的模型，为接下来对化学的学习奠定了基础，同时发展学生“证据推理与模型认知”的化学学科素养。

1.3　化学反应原理类

基于化学学科核心素养的“盐类的水解”的教学设计

韩山师范学院化学与环境工程学院　陈小玲

摘要： 本文以“盐类的水解”教学为例，探索在高中化学课堂中如何从宏观辨识与微观探析、变化观念和平衡思想、科学探究与创新意识的维度构建学生的科学本质观，发展学生的化学学科核心素养。

关键词： 学科核心素养；盐类水解；平衡移动

一、教学背景

本节课是人教版高中化学必修 2 第三章第三节第 1 课时，本节教材涉及的知识面较宽、综合性较强，是前面已学过的离子反应、电解质的电离、水的电离平衡和水的离子积以及平衡移动原理等知识的综合应用，因此，本节的教学与前面的教学有密切的联系，学生对前面所学知识的理解程度将直接影响本节课的学习。

笔者认为在学生已学知识基础上，教师宜采用刺激理论进行指导，学生进行知识迁移，主动建构新知，符合建构主义的学习观，以培养人为主旨；通过实验提高学生的科学素养，促进学生全面发展，将化学教学贴近生活、贴近社会；以合作学习小组为单位，采取活动探究与理论探究相结合的形式，使学生体验知识的生成过程；让学生真正“动”起来，积极参与到“自主、合作、探究”活动中，从而发展学生化学学科核心素养。

二、基于化学核心素养的教学目标确立

（1）学生能从微观与宏观相结合的角度来理解盐类水解的实质和判断盐类水解平衡的移动，发展“宏观辨识与微观探析”的核心素养。

（2）通过实验探究不同类型盐溶液的酸碱性，养成实验动手操作能力和归纳总结能力，养成“科学探究与创新意识”的核心素养。

（3）通过在分子水平理解盐类水解的实质是盐类的水解过程破坏了纯水的电离平衡，发展“变化观念和平衡思想”的核心素养，建构平衡思想。

三、教学过程

教学过程设计如表 1 – 3 – 1 所示。

表 1－3－1　教学过程设计

<table>
<tr><th>教学环节与教学内容</th><th>教师活动</th><th>学生活动</th><th>设计意图</th></tr>
<tr><td rowspan="2">【回顾旧知，提出新问题，搭建知识桥梁】</td><td>讲述：上节课我们已经学习了水的电离和溶液的酸碱度，其酸碱度可用 pH 来表示。我们知道酸的 pH 小于 7，碱的 pH 大于 7。那么，盐的 pH 是不是就等于 7 呢？</td><td>思考</td><td rowspan="2">在已学知识的基础上过渡到新知识。通过动手做实验，提高学生的操作能力，激发学生的兴趣。通过对实验数据的处理，让学生养成实事求是、尊重事实的科学态度</td></tr>
<tr><td>提前准备以下仪器和药品：
仪器：pH 计。
药品：NaCl、Na_2CO_3、$NaHCO_3$、NH_4Cl、Na_2SO_4、CH_3COONa、$(NH_4)_2SO_4$ 等溶液。
先演示 pH 计的使用，再将学生分成 6 组进行探究实验，让学生测定所示盐溶液的 pH，从而得出各自溶液的酸碱性</td><td>分组做实验：
第 1、4 组：测定 Na_2CO_3、$NaHCO_3$、CH_3COONa 等溶液的 pH。
第 2、5 组：测定 NH_4Cl、$(NH_4)_2SO_4$ 等溶液的 pH。
第 3、6 组：测定 NaCl、Na_2SO_4 等溶液的 pH。
记录实验结果，小组合作讨论，总结得出结论，小组汇报实验数据和结果
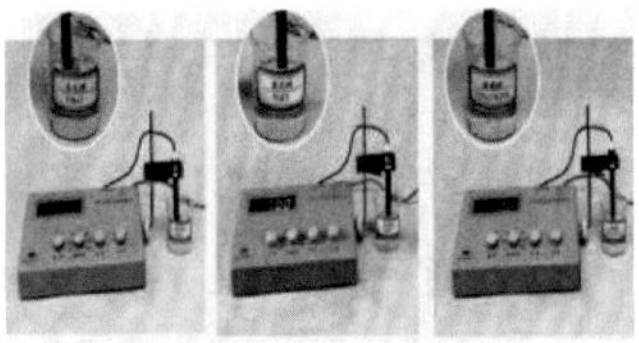</td></tr>
<tr><td>【对比分析，树立辩证思维，突破难点】</td><td>过渡：让学生将实验中的盐按强酸强碱盐、强酸弱碱盐、强碱弱酸盐分类。引导学生通过观察得出：不是所有的盐都呈中性，只有强酸强碱盐的 pH 等于 7</td><td></td><td></td></tr>
</table>

续上表

教学环节与教学内容	教师活动	学生活动	设计意图
	提问：盐既不会电离出 H^+，也不会电离出 OH^-，那为什么盐溶液的酸碱性会产生差异呢？这与盐的类别有无关系呢？ 让学生在前面实验结果的基础上就 NaCl、NH_4Cl 和 CH_3COONa 这三种盐溶液进行 $c(H^+)$ 和 $c(OH^-)$ 相对大小、溶液中的粒子、有无弱电解质生成和溶液中存在的反应这四个方面进行分析和比较。提醒学生溶液中存在弱电解质的电离反应。 教师进行补充，根据盐溶液中的电离平衡关系和平衡移动的原理得出盐溶液呈酸碱性的原因是盐类发生了水解，同时也得出盐类水解的实质。 NH_4Cl 溶液中的电离平衡关系： $NH_4Cl \rightleftharpoons NH_4^+ + Cl^-$ $H_2O \rightleftharpoons OH^- + H^+$ + NH_4^+ ⇅ $NH_3 \cdot H_2O$ 实质：盐类的水解过程破坏了纯水的电离平衡	思考，针对问题进行分类解答，总结出结论，做笔记。 思考教师提出的问题，对 NaCl、NH_4Cl 和 CH_3COONa 这三种盐溶液进行相关方面的分析比较。得出盐溶液中存在的电离反应和盐类水解的实质	让学生根据教师指导和教材的提示、表格进行分析对比，树立辨证统一分析问题的思维模式，突出重点、突破难点。让学生更容易接受新知识

续上表

<table>
<tr><th>教学环节与教学内容</th><th>教师活动</th><th>学生活动</th><th>设计意图</th></tr>
<tr><td rowspan="3"></td><td>过渡：那么我们如何来表示盐类的水解呢？
先引导学生从微观角度来理解，讲述：溶液中发生的离子反应有什么呢？让我们结合之前所学离子反应的写法，将其综合起来。再引导学生从宏观角度来理解，根据化学方程式的写法，将与溶液离子反应相关的物质的反应用化学方程式表示出来。
提醒：盐类的水解也是个微弱的反应，并且也是可逆的</td><td>根据教师的引导提示，结合所学知识，写出其水解方程式和离子方程式</td><td>教师根据学生已有知识，突出重点，引导学生自主思考写出盐类反应的表达式，从宏观与微观相结合的视角认识盐类水解的实质</td></tr>
<tr><td colspan="2">知识迁移：根据盐类水解的方程式总结出盐类水解的表达通式。
教师引导学生回忆中和反应的表达式，得出水解反应的逆反应是中和反应，并且可推出水解反应是吸热反应，即加热促进水解反应</td><td rowspan="2">进行知识迁移，将已学的平衡移动原理应用于盐类的水解平衡移动，突出本节重点</td></tr>
<tr><td>提问：根据平衡移动原理，同学们思考一下还有什么因素会影响盐类的水解平衡？（让学生在已学的平衡移动原理的基础上进一步学习水解平衡的移动）表达式：
$盐+水 \underset{中和}{\overset{水解}{\rightleftharpoons}} 酸+碱$</td><td>做笔记，思考可能影响水解平衡的因素并作答</td></tr>
</table>

续上表

教学环节与教学内容	教师活动	学生活动	设计意图
	过渡：根据刚才所学的盐类水解的知识，同学们能总结出盐类水解的规律吗？从第一个实验中我们可以得出什么呢？ 归纳：无弱酸根与有弱酸根的水解区别：无弱不水解，有弱才水解。 提问：那么弱酸的程度不同，其水解程度有影响吗？ 归纳：酸性：$CH_3COOH > H_2CO_3 > HCO_3^-$，碱性：$CH_3COONa < NaHCO_3 < Na_2CO_3$ 提问：根据平衡移动原理，越热是越水解，还是越不水解呢？ 由此总结：越稀越水解	讨论思考，根据教师的引导，逐步推出水解的规律，做笔记，加深印象	学生在教师指导下回忆前面刚学的知识，加深对新知识点的理解和记忆，学生归纳总结，突破难点
	过渡：盐类的水解在生活中有哪些应用呢？ 进行习题练习和讲解	讨论交流，回答： （1）泡沫灭火器灭火原理； （2）用纯碱溶液清洗油污→盐类的水解和加热对水解的影响； （3）胶体净水； （4）纳米材料的获得； 等等。 练习	将化学理论知识与实际生活联系起来，激发学生学习的兴趣，并通过练习巩固学生的新知识
【知识归纳，提升科学思维】	讲述：本节课我们主要学习了盐类的水解，同学们要学会根据盐类水解规律判断盐的酸碱性，理解水解的本质，能够书写溶液中的离子和化学反应方程式，并且学会用平衡移动原理判断各因素对平衡的影响，同时学会将本节知识运用于实际生活中	认真听讲	对本节课知识点进行总结梳理，巩固知识

四、教学反思

本节课引导性较强，从旧知识中提出疑问引入新课，学生由旧知识过渡到新知识，易于接受。学生自主学习，归纳总结知识，培养学生的科学素养。

基于化学学科核心素养的“燃烧与灭火”的教学设计

韩山师范学院化学与环境工程学院　陈燕杉

摘要： 本文以“燃烧与灭火”教学为例，探索在初中化学课堂中如何从科学精神与社会责任、科学探究与创新意识的维度构建学生的科学本质观，发展学生的化学学科核心素养。

关键词： 学科核心素养；燃烧和灭火；实验探究

一、教学背景

本课题是人教版初中化学第七单元内容，分为两个课时，第 1 课时是燃烧与灭火原理的学习，第 2 课时是使学生了解常见灭火器的灭火原理、适用范围以及易燃物和易爆物的安全知识。本节为第 1 课时内容，该课时与日常生活生产联系较多，燃烧是生活中常见的现象，学生已有的生活经验是学习本节内容的基础。因此，本节教学资源的选取注重源于生活。在第一单元《物质的变化和性质》的学习中，学生已经认识了燃烧的本质——有新物质生成的化学变化。本课题是对之前所学过的燃烧的意义进行深入了解并且应用于实际之中，引导学生把自己的生活经验与化学联系起来，从化学的角度观察生活，逐步实现从生活走向化学、从化学走向社会的理念。

九年级学生对生活中的燃烧现象比较熟悉，在学习本课题之前，同学们在第二单元关于氧气的学习中，已经认识了一些物质在空气和氧气中的燃烧，了解到可燃物燃烧的剧烈程度与氧气的浓度及可燃物与氧气的接触面积都有关系，对燃烧已有一定的感性认识。但对燃烧所需的条件并不完全了解，有强烈的好奇心想知道更多关于燃烧方面的知识，再加上日常生活经验的积累，具备了对燃烧现象及灭火原理进行深入研究，以期获得理论上的升华的能力和条件。

二、基于化学核心素养的教学目标确立

（1）通过学生自己动手操作实验，培养学生的实验操作能力、观察能力、合作与交流能力，培养学生科学探究的精神，发展“科学探究与创新意识”的核心素养。

（2）初步学会用化学科学知识解释日常生活中常见的燃烧现象和原因，体会化学

和生活的密切联系，在学习灭火自救的同时，培养消防意识，树立社会责任感，发展“科学精神与社会责任”的核心素养。

三、教学过程

教学过程设计如表 1 – 3 – 2 所示。

表 1 – 3 – 2　教学过程设计

教学环节与教学内容	教师活动	学生活动	设计意图
【魔术引入，吸引学生注意力，激发探究兴趣】	讲述：同学们，在进入新课学习之前，老师先给大家表演一个小魔术。我们知道，一般的蜡烛，当它燃烧的时候，我们一口气就可以将其吹灭。今天，我给大家表演的这个魔术是只要吹一口气就可以将蜡烛点燃。 演示趣味实验：将课前准备好的蜡烛展示给学生看，然后把蜡烛固定在实验台上，对准蜡心吹一口气，蜡烛便燃起来了	观察实验现象，好奇，疑惑	通过简单的小魔术，激发学生的好奇心、求知欲，让学生体会到化学无处不在，将学生的注意力转移到本节课的教学内容上来
	过渡：看完魔术表演，大家是不是觉得很神奇？那么，为什么蜡烛可以被点燃？什么是燃烧？应满足怎样的条件才能燃烧？ 通过这节课的学习，我们就能了解这其中的奥秘，相信我们也都可以成为一个小小魔术师了。现在，让我们带着这些问题一起来探讨这节课的学习内容——燃烧与灭火	思考、讨论教师提出的问题	
【实验探究，联系生活，突破重点】	讲述：火是燃烧的一种现象，在日常的生活和以前的学习中，我们经常能遇到燃烧的现象。请根据所学知识和生活经验，猜想一下燃烧需要什么条件？	猜想，回答： 猜想一：要有可燃物（并不是所有物质都能燃烧）。 猜想二：要有氧气，且氧气越多，燃烧越旺。 猜想三：要达到一定温度	让学生初步学会探究实验的一般过程，培养学生的实验动手能力与合作精神

续上表

教学环节与教学内容	教师活动	学生活动	设计意图
	引导学生思考：同学们猜想得非常好，那么燃烧是要同时满足以上三种条件还是只需要满足其中的一个或两个就可以了呢？	根据老师的提示，在猜想的基础上进行假设： 假设一：三个条件只需满足其一就能燃烧。 假设二：三个条件必须同时满足才能燃烧	
	讲述：有了以上的假设，现在请同学们以四个人为一小组进行如下三组实验的探究。 实验一：用火柴分别点燃木块和石块。 实验二：点燃的小蜡烛，将其用烧杯罩住。 实验三：将一张纸和一木条用火柴点燃，比较点燃的难易	分组实验探究，得出结论。 实验一说明物质必须具有可燃性； 实验二说明可燃物要与氧气接触； 实验三说明可燃物需达到燃烧所需要的最低温度（也叫着火点）	
	讲述：通过以上的实验探究可以得出结论：物质燃烧，必须同时满足以上三个条件，缺一不可：物质必须具有可燃性；可燃物要与氧气接触；要达到可燃物的着火点。 这里我们要注意两个定义，一个是：什么是燃烧？另一个是：什么是着火点？燃烧是可燃物与氧气发生的发光、发热的氧化反应。着火点是可燃物达到燃烧所需要的最低温度。着火点是物质本身的固有属性		
	过渡：根据刚才的分析结果，请同学们仔细观察以下的实验，分析实验现象及其原因。完成表格。 PPT 课件展示表格内容	仔细观察演示实验，思考完成表格	
	边讲解边演示实验：课本 P124［实验 7－1］ 在 500 mL 的烧杯中注入 400 mL 热水，并放入一小块白磷。在烧杯上盖一个薄铜片，铜片一端放一小堆干燥的红磷，另一端放一小块已用滤纸吸去表面上水的白磷		创新实验，加深学生对燃烧的条件的理解

续上表

教学环节与教学内容	教师活动	学生活动	设计意图
	讲述：从以上的实验可以更明确地看出，燃烧的三个条件必须同时满足。那么，从上述的学习中，我们可以给燃烧下一个定义，请各位同学先思考，待会请一位同学回答	思考，回答：燃烧是一种发光、发热的剧烈的化学反应	培养学生的总结归纳与表达能力
	讲述：学习了燃烧的条件之后，我们一起来练一练，看谁掌握得最牢固。 PPT展示练习： 1. 下列关于燃烧的叙述正确的是（　　） A. 燃烧是一种物理变化 B. 燃烧是一种发光、发热的剧烈的化学反应 C. 有发光发热的变化一定是燃烧 D. 凡是燃烧的物质一定有火焰产生 2. 燃烧必须满足（　　）个条件： （1）物质要具有（　　） （2）可燃物要与（　　） （3）可燃物达到燃烧所需要的（　　），这个温度称为可燃物的（　　）	思考、练习	通过练习及时巩固加深理解
	讲述：我们学习了燃烧的条件，也做了相应的练习。现在，请同学们结合燃烧的条件，思考一下我们在上课之前做的魔术实验的原理（提示：蜡烛芯中事先滴了些溶有白磷的二硫化碳溶液，且二硫化碳液体是极易挥发的物质）	思考，回答：魔术师吹气促使二硫化碳挥发，当二硫化碳挥发完了，烛芯上留下极为细小的白磷颗粒，白磷与空气中的氧气发生氧化反应并产生热量，当温度升高到35 ℃时，白磷便自行燃烧，随之就把原来熄灭的烛芯点燃了	呼应导入，通过有趣的魔术实验，既激发了学生的学习兴趣，又全面巩固了前面所学的知识

续上表

教学环节与教学内容	教师活动	学生活动	设计意图
	讲述：我们知道，学习化学就是为了更好地服务于生活，现在，请同学们观看以下的一组图片，你从中能受到什么启示？ PPT 展示有关燃烧利与弊的图片，从中自然地导出灭火的必要性	启示：“燃烧”是一把双刃剑，只有了解“燃烧”，控制“燃烧”，才能更好地为人类造福	让学生深刻体会事物都具有双面性，要以辩证唯物主义的观点一分为二地看待事物
	讲述：现在，请同学们根据实验台上提供的灭火材料（剪刀、水槽、抹布、沙子、扇子、玻璃杯等），开动你们的脑筋，展开丰富联想，尽可能多地展示出你们熄灭实验台上蜡烛的方法，并想一下你为什么会想到用这种方法来灭火？	分组讨论，动手实验，得出各种灭火的方法： （1）“沙子”“罩”“砸”——氧气隔绝； （2）“吹”“湿布”“摔”“扇”——降低温度； （3）“剪短蜡烛芯”——移走可燃物	通过亲身体验灭火的方法，调动学生积极性，培养动手能力，加深学生对知识的理解
	讲述：通过刚才同学的实验探究与讨论，我们可以得出灭火的原理就是破坏燃烧的条件，并且只要破坏其中一个条件，就能达到灭火的目的。 具体为：①隔绝氧气或空气；②温度降到着火点以下；③消除可燃物或使可燃物与其他物品隔离。 提醒：其中第②点的表述应该是温度降到着火点以下，而不能说是降低可燃物的着火点，因为着火点是物质的一种物理性质，是不能改变的	听讲，做笔记。	
	练习：游戏问答——比比谁的语文功底高 请用“燃烧和灭火”的化学知识解释下面的成语。 （1）釜底抽薪 （2）煽风点火 （3）杯水车薪	思考，讨论，回答。 （1）釜底抽薪——通过消除可燃物来灭火。 （2）煽风点火——为燃烧提供充足的氧气。 （3）杯水车薪——不能使可燃物的温度降到着火点以下	通过练习及时巩固加深理解，激发学生的兴趣，把所学知识应用于实际

续上表

教学环节与教学内容	教师活动	学生活动	设计意图
【梳理知识点，形成知识框架，将化学知识应用于生活】	总结：通过这节课的学习，大家应该明确燃烧的条件与灭火的基本原理，这也是本节课的重点，同时我们还学习了燃烧与着火点的定义，希望大家能充分理解着火点的概念，这也是考试经常考到的知识点之一。课后请同学们根据板书自己梳理一下知识，加深印象	看板书，跟着教师的思路一起复述各知识点并做记忆	使学生了解本节课的重点知识，有利于对所学知识的系统化记忆
	布置作业： 1. 请同学们结合这节课所学的内容，联系生活实际，课后解决以下问题。 ①做完饭后，你应该怎样将气炉熄灭？ ②油锅着火了，应该怎么熄灭？ ③家具厂发生火灾又该如何扑灭呢？ 2. 通过查阅书刊、上网或走访等方式，了解预防火灾的一些基本方法，并结合自己的住宅区特点提出方案	听讲，记录老师布置的作业	引导学生应用所学知识解决实际问题，真正做到“从化学走向社会”

四、教学反思

本节课以表演简单小魔术的方法引入课题的学习，成功地将学生的注意力转移到课堂学习重点中来，再通过实验探究的方法引导学生对燃烧与灭火相关知识进行学习。课堂中安排有趣的游戏问答，起到很好的预期效果，既加深了学生对新知识的掌握，又激发了学生的学习兴趣，使学生在紧张的学习中得到放松。在课后与学生的交流中了解到大部分学生对本节课的重点与难点掌握得比较好，因为本节课的内容与生活息息相关，学生的学习兴趣比较大，对知识点的接收比较容易。

基于化学学科核心素养的“盐类水解的原理”的教学设计

韩山师范学院化学与环境工程学院　方洪妹

摘要：本文以“盐类水解的原理”教学为例，探索在高中化学课堂中如何从宏观辨识与微观探析、科学探究与创新意识的维度构建学生的科学本质观，发展学生的化学学科核心素养。

关键词：盐类水解原理；手持技术；学科核心素养

一、教学背景

本节课内容选自人教版选修4第三章第三节第1课时“盐类水解的本质”。由课程标准可知，本节课程的主要内容为：认识盐类水解的原理，归纳影响盐类水解程度的主要因素，能举例说明盐类水解在生产生活中的应用。实验要求通过测定不同盐溶液的pH，说明这些盐溶液呈酸性、中性或碱性的原因。

高考考纲要求学生掌握分析图像的一般思维方法，于是本节课笔者拟在问题驱动下，以学生作为教学的中心，自主运用“手持技术”测出水解过程的pH—时间曲线，通过“四重表征”模式进行分析。本节教材内容有着承前启后的作用，是元素化合物知识的理论提升，是水的电离和弱酸弱碱电离两个平衡的对立统一，是有关电离理论知识的综合应用，对其深刻理解，有利于改善学生的思维品质，同时也为第四章电化学知识的学习奠定基础。

本节课的教学对象是笔者所在地的高二学生，绝大部分学生都是来自当地农村，对当地的土地盐碱化情况深有体会。笔者由旧引新，以旧带新，从已知、未知、想知、能知、怎么知五个方面来剖析教学对象。

二、基于化学核心素养的教学目标确立

（1）通过用手持技术探究CH_3COONa溶液的酸碱性的实验，收集实验证据，基于现象和数据进行分析并得出结论，提高实验动手能力，发展“科学探究与创新意识”的核心素养。

（2）通过实验的宏观现象和数据图从离子的角度来解释反应，发展“宏观辨识与微观探析”的核心素养。

三、教学过程

教学过程设计如表1-3-3所示。

表 1－3－3 教学过程设计

教学环节与教学内容	教师活动	学生活动	设计意图
【生活情境引入，引导探究】	展示学生习以为常的当地土地盐碱化的图片。 提问：盐为什么会使土地变碱性呢？面对我们生活中出现的这种现象应该如何避免？	思考	通过学生身边的事件引入，引起学生的同感，激发学生的学习兴趣
	提问：回顾之前学习过的内容，溶液的酸碱性与什么有关？有怎样的关系？	回答：与溶液电离出来的 $c(H^+)$ 和 $c(OH^-)$ 的相对大小有关：$c(H^+)=c(OH^-)$ 显中性，$c(H^+)>c(OH^-)$ 显酸性，$c(H^+)<c(OH^-)$ 显碱性。	回顾溶液酸碱性的判断条件，让学生从微观的角度判断溶液呈酸碱性的原因，为后续探究盐水解的本质打下基础
【创建问题，引发认知冲突，进行探究实验，建立模型】	提问：NaCl 溶液是否可以电离出 H^+、OH^- 呢？NaCl 溶液是否呈中性？ 让学生根据分好的小组，用桌面上的 pH 计测出 NaCl 溶液的 pH	回答：NaCl 溶液不能电离出 H^+、OH^-，测得 NaCl 溶液的 pH 大约为 7.0	使学生产生认知冲突，把学生的注意力转移到溶液中微粒上来
	讲述：NaCl 溶液没有电离出 H^+、OH^-，并且测得溶液为中性，那么是否只要没有电离出 H^+、OH^- 的盐溶液都呈中性呢？	思考	
	安排学生测定 CH_3COONa 溶液和 NH_4Cl 溶液的 pH，验证刚才的假设是否正确	测得 CH_3COONa 溶液呈碱性，NH_4Cl 溶液呈酸性	

续上表

教学环节与教学内容	教师活动	学生活动	设计意图
	提问：盐溶液的酸碱性是否与盐溶液中溶质微粒的性质有关？ 提出假设：与盐溶液中是否含有弱酸阴离子、弱碱阳离子有关。 提前准备以下实验仪器和实验药品，进行探究实验。 实验仪器：多功能手持分析仪、pH 传感器、玻璃棒、磁力搅拌器。 实验药品：CH_3COONa 固体、NH_4Cl 固体、酚酞。 将学生分组，以 CH_3COONa 固体为材料利用手持分析仪测出水解过程 pH 的变化曲线。 	在教师的指导下，进行探究实验	通过给出药品，给予学生分析的方向，让学生自主搭建实验装置，培养探究意识和合作技能
		结果汇报： 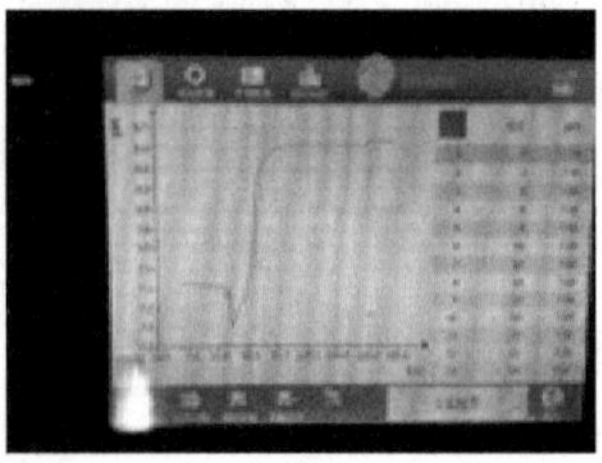	数字化手持技术的使用，转定性为定量，化抽象为直观，更有利于学生的观察，激发学生的学习热情，提高学生科学探究的水平

续上表

教学环节与教学内容	教师活动	学生活动	设计意图
	引导学生对实验现象进行分析。 宏观现象：烧杯中的酚酞变红	回答：溶液呈碱性	通过宏观上看到的颜色变化，引起学生的视觉冲击，引导学生从离子的角度分析问题
	提问： （1）酚酞变红前，溶液中存在哪些离子？ （2）在加入 CH_3COONa 固体后开始出现第一个拐点，此时溶液中存在哪些离子？	回答： （1）水电离出来的 H^+、OH^-； （2）存在 H^+、OH^-、CH_3COO^-、Na^+	
	提问：根据离子反应的条件，判断拐点后的离子是否都可以共存？它们会不会相互作用？	回答：CH_3COO^- 和 H^+ 不能共存，可生成 CH_3COOH，是弱酸	通过分析直观的数据图像，让学生感受水解的过程，理解各个阶段 pH 的变化情况，从而初步感受盐类水解的本质
	讲述：生成 CH_3COOH 后溶液的 H^+ 就减少了，根据水的电离平衡 $H_2O \rightleftharpoons H^+ + OH^-$ 可以得知，当 H^+ 减少时，平衡向右移动，溶液中的 $c(H^+) < c(OH^-)$，这时溶液的 pH > 7，显碱性	认真听讲	
	播放微观水解动画： 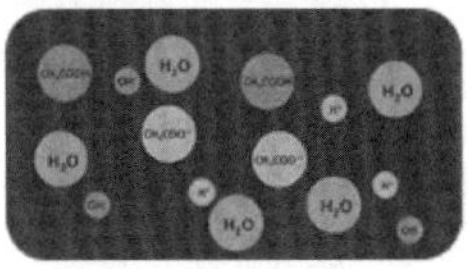	观看动画	通过让学生观看微观动画，进一步理解盐类水解的本质
	提问：根据水解反应的微观分析，如何用离子反应方程式表示盐类水解的过程？	回答： $H_2O \rightleftharpoons H^+ + OH^-$ $CH_3COO^- + H^+ \rightleftharpoons CH_3COOH$ $H_2O + CH_3COO^- \rightleftharpoons CH_3COOH + OH^-$	让学生自主写出水解过程的离子反应方程式，提高学生的自主意识

续上表

教学环节与教学内容	教师活动	学生活动	设计意图
【知识归纳，提升科学思维】	讲述：书写水解反应的离子方程式需要注意的事项： （1）盐类水解是一个中和反应的逆过程，因此水解反应是一个可逆反应，需要用可逆符号。 （2）水解反应生成的弱酸、弱碱不能拆开。 提问：根据刚才分析的思路，同学们预测 Na_2CO_3、$Al_2(SO_4)_3$溶液的酸碱性是什么？预测后请用 pH 计验证假设	听讲，思考，实验	通过对探究问题进行总结，有助于学生自主梳理归纳知识，建构自己的知识体系。 通过练习加强对所学知识的理解、运用，体现学以致用
	讲述： 盐类水解的本质：强酸弱碱盐和强碱弱酸盐溶于水时，电离产生的阳离子、阴离子可分别与水电离产生的 OH^- 或 H^+ 生成弱电解质，使得溶液中的 $c(H^+)$ 不等于 $c(OH^-)$，因而这两类盐溶液呈现酸性或碱性。 盐类水解的定义：盐与水发生相互作用生成弱电解质的过程称为盐类水解	认真听讲	通过对探究问题进行总结，有助于学生自主梳理归纳知识，建构自己的知识体系

续上表

教学环节与教学内容	教师活动	学生活动	设计意图
	提问： $NaCl$ 溶液呈中性，CH_3COONa 溶液呈碱性，NH_4Cl 溶液呈酸性，为什么同样是盐，有些盐可以发生水解，有一些则不可以呢？	思考	通过四重表征的分析，即从宏观上使酚酞变红的现象引导测定变化曲线，再从曲线微观分析盐类水解的本质，最后是用离子符号来表征反应过程。这样，步步设疑，层层引导分析、解疑，不仅教给学生知识，更是授予学生解疑的方法、思路，而且有助于学生自主构建知识体系，真正体现以学生为主体
	总结盐类水解的规律： 不同盐类其微观离子不同，只有当盐类电离出来的离子可以与水电离出来的 H^+、OH^- 发生反应，生成弱碱或弱酸时才可以发生水解。即有弱才水解，越弱越水解。谁强显谁性，同强显中性		
	讲述：根据盐类水解本质以及水解规律，同学们总结一下我们村出现盐碱地的原因	回答：因为本村雨水较多，地势低，排水设备不足，导致土地长期浸在地下水中，地下水的盐分多，盐类发生水解，所以导致土地碱性化	学生运用所学知识解释上课前留下的疑惑，不仅可以使学生体会到学习化学的作用，感受到学习带来的成就感，而且可以构建一个完整有序的课堂氛围，前后呼应

四、教学反思

（1）运用“四重表征”的教学模式，不仅授予学生科学知识，更是教会学生学习的方法，解决问题的思路，也发展了学生“宏观辨识与微观探析”的核心素养。

（2）采用“手持技术”的新型教育技术，有助于增强学生的科学探究意识，提高学生的科学探究能力，发展学生“科学探究与创新意识”的核心素养。

（3）从学生熟悉的情境引入，帮助学生解决生活中的困惑，让学生充分感受化学来源于生活、又服务于生活的理念。

基于化学学科核心素养的“燃烧和灭火”的教学设计

韩山师范学院化学与环境工程学院　苏佳敏

摘要：本文以“燃烧和灭火”教学为例，探索在初中化学课堂中如何从科学精神与社会责任、科学探究与创新意识的维度构建学生的科学本质观，发展学生的化学学科核心素养。

关键词：学科核心素养；燃烧和灭火；实验探究

一、教学背景

本节课选用人教版初中化学九年级上册第七单元第一节，主要讲解燃烧的条件与原理。学生已从之前的第五章第一节的质量守恒中了解到，燃烧必然会放出热量，所以本节课对树立学生的安全防火意识非常重要。燃烧与灭火有助于学生加深对燃烧的认识，便于学生联系生活。

学生已经学习过质量守恒定律，了解燃烧必然会放出热量；在第一单元中，学生学习了物质的着火点；在“空气”一章中，学生已经了解到空气有助燃作用。但学生对燃烧的条件与原理没有深入的了解，对实验现象的分析、解决问题能力比较弱，需要教师进行积极地启发与引导。初中生刚刚接触化学，对化学学习有浓厚的兴趣。笔者在教学时采用学生自主做实验的方法，激发学生的学习兴趣，培养学生解决问题的能力。

二、基于化学核心素养的教学目标确立

（1）通过学生自己动手操作实验，培养学生的实验操作能力、观察能力、合作与交流能力，培养学生科学探究的精神，发展“科学探究与创新意识”的核心素养。

（2）通过本节课的学习，帮助学生加深对燃烧的认识，联系生活，清楚火场逃生

的自救方法，了解几种常见的灭火器的灭火原理及灭火方法，发展“科学精神与社会责任”的核心素养。

三、教学过程

教学过程设计如表 1－3－4 所示。

表 1－3－4　教学过程设计

教学环节与教学内容	教师活动	学生活动	设计意图
【魔术引入，吸引学生注意力，激发探究兴趣】	PPT 展示小魔术“烧不坏的手帕”。 提出问题：为什么手帕烧不坏？ 讲述：在人类历史长河中，燃烧起着不可代替的作用，燃烧点燃了现代历史的辉煌，生活中处处离不开燃烧。请同学们思考，什么是燃烧呢？燃烧需要什么条件？	自主讨论与思考	从小魔术引入课题，让学生体会到化学的神奇，很好地激发了学生的学习兴趣
【实验探究，掌握重点，联系生活】	讲述：复习之前学习过的质量守恒定律，燃烧必定会放出热量；复习之前学习的氧气的性质，了解氧气有助燃的作用。 提前准备实验仪器和实验试剂，进行演示实验。 实验仪器：烧杯、导管、玻璃板。 实验试剂：白磷、红磷、热水、玻璃棒。 实验一：在 500 mL 的烧杯中注入 400 mL热水，并放入用硬纸圈圈住的一小块白磷。在烧杯上盖一片薄铜片，铜片上放一小堆干燥的红磷。另一端放一小块已用滤纸吸去表面水分的白磷，观察现象。 实验二：用导管对准烧杯中的白磷，通入少量空气，观察现象 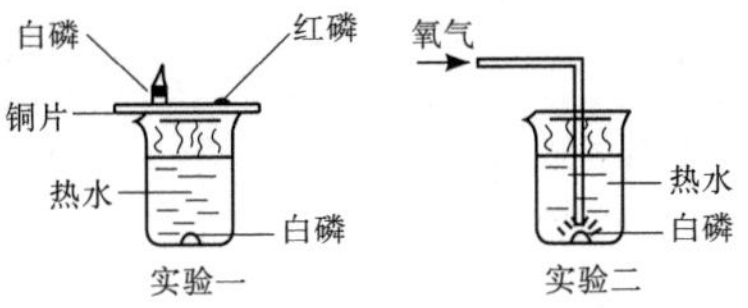	通过观察实验，讨论燃烧需要什么条件	

续上表

教学环节与教学内容	教师活动	学生活动	设计意图
	归纳、总结什么是燃烧，燃烧需要什么条件。 提问：室内起火时，如果打开门窗，火反而会烧得更旺，为什么？应该如何灭火？	通过教师分发的实验仪器自主进行实验。 实验仪器：烧杯、蜡烛、碳酸钠和盐酸。 操作：点燃三支蜡烛，在其中一支蜡烛上扣一只烧杯；将另两支蜡烛放在烧杯中，然后向其中一只烧杯中加入适量碳酸钠和盐酸，观察现象并分析原因	
	总结灭火的原理和方法	认真听讲	将理论用于实际，巩固灭火原理
	展示图片，了解几种常见的灭火器的灭火原理及灭火方法。 播放视频：火场逃生的自救方法	观看视频	
【知识归纳，提升科学思维】	板书总结： （1）燃烧：可燃物与氧气发生的一种发光发热的剧烈的氧化反应叫作燃烧。 （2）燃烧需要三个条件：可燃物、氧气（空气）、达到燃烧所需的最低温度（也叫着火点）。 （3）灭火的原理：清除可燃物或使可燃物与其他物品隔绝；隔绝氧气（或空气）；使温度降到着火点以下。 （4）在生产、运输、使用和贮存易燃物和易爆物时，必须严格遵守有关规定，绝不允许违章操作		

四、教学反思

本节课采用新课导入、教师演示实验、学生自主做实验的教学方法，将实验与教学有机结合，迁移应用，充分体现教学目标的要求，课堂活跃而有序，学生在兴趣与学习中获取知识。采用教师提出问题、学生自主讨论的模式能有效调动学生学习的积极性。

基于化学学科核心素养的“探究催化剂对化学反应速率的影响”的教学设计

韩山师范学院化学与环境工程学院　郑少丽

摘要： 以旧知导入，将催化剂概念重新温故，再融合实验探究与理论模型，让学生直观了解到催化剂对化学反应速率的影响，最后结合生活实际，引导学生学会用化学原理来解释生产生活中的一些现象，提升学生关于科学态度与社会责任、证据推理与模型认知、科学探究与创新意识的化学学科核心素养。

关键词： 核心素养；教学设计；实验探究；有效碰撞模型；化学反应原理

一、教学背景

“探究催化剂对化学反应速率的影响”属于人教版高中化学选修 4 第二章第二节内容，从实质上讲是化学反应原理的教学，化学反应原理是化学学科体系中较为复杂、理论化的知识模块，也是学生学习时较为头疼的部分。若以直接讲授的方式给学生进行理论解释，学生作为被动输入的客体是较难理解吸收的，也不符合当今时代发展的要求。现今，新课标强调要发挥学生的主体性，鼓励学生进行自主、合作探究学习，倡导发展学生的核心素养。从此趋势来看，笔者认为开展以提升素养为本的课堂教学会较好地促进学生对理论知识的吸收，充分激发学生对学习的积极性。对于“探究催化剂对化学反应速率的影响”的教学，笔者融合科学探究与创新意识、证据推理与模型认知、科学态度与社会责任三大化学核心素养，采用小组实验探究的方式，让学生在获得直观体验的基础上进行有效碰撞模型的学习建构，最后引导学生对生活现象做出清晰化的理论解释。

二、基于化学核心素养的教学目标确立

1. 教学目标

（1）通过探究催化剂对化学反应速率影响的实验，提高学生分析解决问题的能力，形成“科学探究与创新意识”的化学核心素养。

（2）通过运用有效碰撞模型，理解说明催化剂影响反应速率的原理，发展宏观辨识与微观探析、证据推理与模型认知的化学核心素养。

（3）通过讨论催化剂在生产生活中的应用，形成“从化学走向生活”的理念，进一步发展“科学态度与社会责任”的化学核心素养。

2. 评价目标

（1）通过对学生探究实验的引导和观察，诊断并发展学生实验探究的水平（定性水平、定量水平）。

（2）通过对催化剂影响反应速率原理的引导和提问，诊断并发展学生认识思路的结构化水平（视角水平、内涵水平）。

（3）通过对催化剂在生产生活中应用的讨论，诊断并发展学生对化学价值的认识水平（学科价值视角、社会价值视角、学科和社会价值视角）。

三、教学过程

教学过程设计如表 1－3－5 所示。

表 1－3－5　教学过程设计

教学环节与教学内容	教师活动	学生活动	设计意图
【复习导入】	（1）回顾影响化学反应速率的因素及催化剂定义。 （2）诊断学生对已学知识的掌握程度	温习旧知：回答影响化学反应速率的外因及催化剂的定义	引导学生温习已有知识，迅速进入课堂
【实验探究】	（1）实验探究催化剂对化学反应速率的影响。 （2）诊断并发展学生化学实验探究的水平（定性水平、定量水平）	开展实验：小组合作，完成过氧化氢分解实验，记录现象，得出实验结论	发展学生分析实验现象、得出催化剂影响反应速率的思路能力，认知化学离不开实验，增强实验技能
【理论解释】	（1）理解催化剂影响化学反应速率的原理。 （2）诊断并发展学生认识思路的结构化水平（视角水平、内涵水平）	交流研讨：结合实验过程和结论，基于有效碰撞理论小组讨论催化剂影响反应速率的原理。	发展学生对有效碰撞理论的迁移运用能力，培养科学思维，诊断学生对催化剂影响机理的认识水平
【拓展应用】	（1）讨论催化剂在生产生活中的应用 （2）诊断并发展学生对化学价值的认识水平（学科价值视角、社会价值视角、学科和社会价值视角）	交流研讨：思考加酶洗衣粉更快洗去油渍的原因以及合成氨反应中催化剂的影响原理。	以催化剂在生活及工业上的应用素材为基础开展讨论，体会化学与生活密切相关，进而诊断并发展学生对化学价值的认识水平

四、教学反思

本节课在实验探究的基础上自然过渡到对催化剂影响原理的解释，让学生实现了从感性认识到理性认识的飞跃，不仅仅知道催化剂可以影响化学反应速率，更进一步理解了“为什么”，并学会运用理论解释生活现象，提升了学生的理性思维能力及实验操作水平，取得了较好的教学效果。

基于化学学科核心素养的“分子的性质”的教学设计

韩山师范学院化学与环境工程学院　郭爱纯

摘要：本文以“分子的性质”教学为例，探索在初中化学课堂中如何从宏观辨识与微观探析、证据推理与模型认知的维度构建学生的科学本质观，发展学生的化学学科核心素养。

关键词：学科核心素养；分子的性质；模型构建

一、教学背景

新课程标准下的化学教学重视“化学学科核心素养”的养成，倡导真实问题情境的创设，重视教学内容的结构化设计，促进学生学习方式的转变，并且强调在教学过程中要“以学生的发展为本”，注重学生的可持续发展。因此，本设计以紧密联系生活，创设问题情境，设计层层递进的问题式教学为主，在教学中注重建构分子模型，在实验中注重引导学生建立“观点、证据与结论”的逻辑关系，从而发展学生“证据推理和模型认知”的化学学科核心素养。本节课的授课对象是九年级学生，从知识储备上看，学生对物质的微观组成只是有了初步的认识，对分子的性质还没有接触，这部分内容对于学生而言比较抽象。因此要帮助学生从宏观世界的角度出发，由浅及深，从而认识物质的微观组成。本节课也是发展学生“宏观辨识与微观探析”的化学学科核心素养的基础。

二、基于化学核心素养的教学目标确立

（1）通过学习分子的性质，使学生能更好地从分子水平认识物质的组成、认识世界，培养学生的抽象思维能力，从而能从宏观和微观相结合的视角分析与解决实际问题。

（2）通过收集生活中一些实际例子，对学生熟悉的日常现象提出问题，引发学生思考，再通过学习探究得出结论，建立观点、结论和证据之间的逻辑关系，发展学生

证据意识和发展分析的推理能力，引导学生养成良好的学习习惯。

（3）利用生活中常见但学生还无法用科学解释的一些现象，来培养学生探索未知、崇尚真理的意识，同时激发学生对学习化学的兴趣，更加关注化学与生活的联系。

三、教学过程

教学过程设计如表 1－3－6 所示。

表 1－3－6　教学过程设计

<table>
<tr><th>教学环节与教学内容</th><th>教师活动</th><th>学生活动</th><th>设计意图</th></tr>
<tr><td rowspan="5">【课前互动小游戏，回顾旧知，引入新课】</td><td>提问：同学们，在现实世界中，我们能不能看得到风呀？</td><td>进行讨论，部分学生表示看不见，另一部分学生说可以通过蒲公英、落叶间接看到“风”</td><td>通过提问互动，引入课题</td></tr>
<tr><td>讲述：是的，如果只依靠肉眼，我们是看不见风的，但我们可以借助其他事物来感受风的存在，比如我们小时候经常玩的吹泡泡</td><td>联想</td><td rowspan="3">借助吹泡泡的小游戏，感受“风”的存在</td></tr>
<tr><td>用吹泡泡器吹出一连串的泡泡，让学生清晰地看到泡泡的轨迹</td><td>观看教师操作</td></tr>
<tr><td>讲述：我们知道风是由于空气的流动引起的，上节课我们学习了物质是由分子、原子等微观粒子构成的，那空气中含有什么粒子呢？</td><td>回答：空气中包含了氮气、氧气、二氧化碳等分子</td></tr>
<tr><td>过渡：那分子具有什么性质呢？这节课我们就一起来探讨一下</td><td></td><td></td></tr>
<tr><td></td><td>讲述：我们之所以无法看到空气中的分子，是因为分子太小了，但是在显微镜下我们可以观察到苯分子的图像。那么，分子到底有多小呢？</td><td>思考</td><td></td></tr>
</table>

续上表

教学环节与教学内容	教师活动	学生活动	设计意图
【创设问题，进行实验，收集证据，建立模型，证据推理】	讲述：例如，1 个水分子的质量约是 3×10^{-26} kg，1 滴水（以 20 滴水为 1 mL 计）中大约有 1.67×10^{21} 个水分子，如果 10 亿人来数 1 滴水里的水分子，每人每分钟数 100 个，日夜不停，需要数 3 万多年才能数完。由此我们可得出分子的第一个性质：通常分子的质量和体积都很小	认真听讲	通过课本中的图片并结合水分子大小，用比较生动形象的说法让学生明白分子的质量和体积都很小
	讲述：在生活中我们发现路过花圃可以闻到花香，湿的衣服在阳光下更容易晒干，我们是否可以提出假设：分子是否总是处于不断的运动之中？其运动速率是否与温度有关？	思考	
	进行演示实验：品红溶液的扩散。 把班中每六位同学按照座位分为一小组，课前准备足量的蒸馏水、品红溶液、酒精灯、石棉网、三脚架、火柴、烧杯若干。 取两个相同容量的烧杯，在烧杯中加入等量的蒸馏水，1 号烧杯不加热，2 号烧杯用酒精灯加热 5 min，取下，分别同时往烧杯中滴入 1 滴品红溶液，观察实验现象（在这个过程中要注意两个烧杯都要处于静止状态，不能搅拌或者摇晃烧杯）	观察实验现象	通过让学生自主完成实验来提高学生的动手能力，并设置相对应的对比实验，由此引导学生主动获取知识，在此过程中也培养学生养成科学严谨的学习态度。再利用制作分子模型动画模拟分子运动轨迹，让学生更加直观形象地掌握分子的运动

续上表

教学环节与教学内容	教师活动	学生活动	设计意图
	指导学生完成实验，并请一组学生来分享他们的实验现象和得出的结论	分享实验现象和总结实验结论。 实验现象：滴入1滴品红溶液后，可以观察到在两个烧杯中品红溶液都会进行扩散，但2号烧杯中品红溶液扩散的速度更快。 实验结论：从品红溶液的扩散实验可以得出结论：分子总是处于不断的运动之中；温度升高，分子运动速率加快	
	讲述：接下来，我们用分子模型动画来模拟实验中“品红分子”的运动轨迹，让同学们更好地理解分子的运动与温度之间的关系	观看分子模型动画	
	追问：在生活中有哪些现象可以说明分子的运动速率与温度有关？	回答：白糖在热水中溶解得比较快；菜在刚出锅时热腾腾的，味道很香，等过段时间菜冷了，味道也没有那么浓了……	让学生把所学知识与生活相联系，慢慢培养从化学的角度来认识世界的科学意识
	过渡：既然分子处于不断运动之中，说明分子间应该存在空间让它们运动。在生活中我们也可以发现，气体可压缩储存于钢瓶之中（例如煤气），这说明了什么？我们要如何验证我们的猜想？	思考	从生活实例出发，提出假设。再让学生用实验来验证观点，从而得出结论，建立

续上表

教学环节与教学内容	教师活动	学生活动	设计意图
	演示实验：酒精与水的混合。 把班中每六位同学按照座位分为一小组，课前准备足够量的酒精和蒸馏水，每个小组各有两个 50 mL 和一个 100 mL 的烧杯，让学生取酒精和蒸馏水各 50 mL 混合在 100 mL 的烧杯中，观察体积有什么变化	观察实验现象	观点、结论和证据之间的逻辑关系，培养学生具有证据意识和分析推理能力。分子间有间隔这个知识点相对比较抽象，因此利用分子模型能够直观帮助学生理解
	指导学生完成实验，并请一组学生来分享他们的实验现象和得出的结论	分享实验现象和总结实验结论。 实验现象：混合后体积要小于原来的酒精和蒸馏水的体积之和。 实验结论：说明分子间有间隔	
	讲述：接下来，我们用分子模型来解释实验现象。 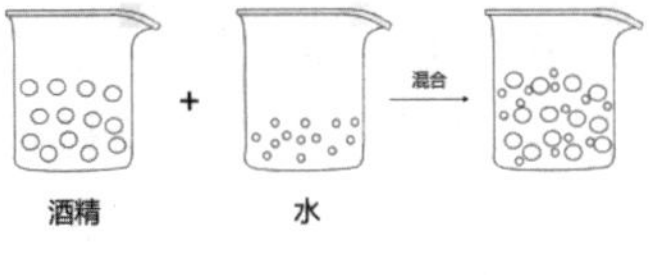	观看动画	
【知识归纳，构建知识体系】	师生共同总结归纳分子的性质。 （1）通常分子的质量和体积都很小。 （2）分子总是处于不断的运动之中（温度升高，运动速率加快）。 （3）分子间有间隔		通过总结来帮助学生建立清晰的知识线，有利于学生知识框架的搭建

四、教学反思

通过本节课的学习，可以培养学生的抽象思维能力，让学生从化学的角度认识世界，建立严谨的科学态度，培养学生发现问题、分析问题、解决问题的能力，体现化学学科素养对培养学生能力的要求。

基于化学学科核心素养的“金属的化学性质”的教学设计

韩山师范学院化学与环境工程学院　马　岚

摘要：本文以“金属的化学性质”教学为例，探索在高中化学课堂中如何从证据推理与模型认知、科学探究与创新意识的维度构建学生的科学本质观，发展学生的化学学科核心素养。

关键词：学科核心素养；金属的化学性质；微型实验

一、教学背景

本节内容选自新课标人教版高中化学教材必修1中第三章“金属及其化合物”第一节“金属的化学性质”第1课时：金属与非金属的反应，金属与酸和水的反应。本节课课程标准要求学生能根据生产、生活中的应用实例及通过实验探究，了解钠的主要性质；以钠和水反应这个实验为基础，掌握钠的物理性质和化学性质；通过思考与交流，自主学习，丰富有关金属的知识；要求学生学会观察、分析、解释实验现象，提高学生的动手能力和探究能力。

学生在初中学习中已经掌握了钠在元素周期表中的位置和它的核外电子排布，学习了金属活动性顺序，了解一些金属共同的物理性质和化学性质。基本了解钠位于金属的活动性顺序的位置。通过前面离子反应和氧化还原反应知识的学习，学生能够通过知识迁移写出钠与非金属反应、钠与水反应的化学方程式和离子方程式以及判断出反应中的氧化剂和还原剂。学生对实验有着极大的兴趣，本节钠与水的探究实验能够充分调动学生学习的积极性，由于学生在第一章学习了一定的实验操作规则和技能，所以为实验顺利完成奠定了基础。但学生存在着对实验现象观察不够全面、不能准确地用化学语言描述化学现象等不足，需要教师的引导，强调实验操作规范。

二、基于化学核心素养的教学目标确立

（1）学习钠与非金属反应、钠与水反应，通过类比方法，举一反三，学生自主交流学习，丰富有关铁、铜、铝等金属的知识体系，形成完整的金属与非金属、水反应的知识体系，建立模型，发展学生“证据推理与模型认知”的核心素养。

（2）学生通过主动参与实验探究与理论分析，推断实验产物，理解实验现象产生的原因，提高实验技能。通过设计实验方案来改进实验装置，提高化学实验动手能力和探究能力，发展“科学探究与创新意识”的核心素养。

三、教学过程

教学过程设计如表1－3－7所示。

表 1－3－7 教学过程设计

教学环节与教学内容	教师活动	学生活动	设计意图
【复习导入，吸引学生注意力，体现化学与生活的联系】	讲述：请同学们回忆生活中厨房的铁锅，还有一些导线裸露在外面的铜丝、银项链等等这些金属，它们有哪些共同的物理性质呢？	思考、回答	从生活走进化学，体现新课标的理念，巩固以前学习的知识
	过渡：PPT 投影一些常见的金属如铁、铝、镁、银，它们共同物理性质是有金属光泽，易导电、导热等。提问：那我们今天来学习另外一种金属，它到底有哪些物理性质和化学性质呢？   	观看 PPT，思考，回答	通过图片展示，加深学生对金属的物理性质的认识
【进行探究实验，建立知识模型】	让学生在实验台前从用煤油保存着的钠中取出一块金属钠，请学生仔细观察钠的表面，并切开，观察金属表面发生了什么变化。 得出钠的物理性质：银白色，有金属光泽，易导电导热，熔沸点比较高。 提问：金属钠的密度如何呢？  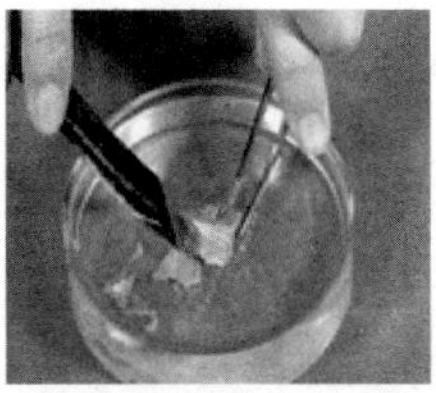	在教师的指导下做实验，听讲，观察，回答	让学生通过实验探究，得出钠的物理性质，激发学生学习的兴趣
	提问：钠为什么要保存在煤油中？大家切开钠之后发现钠失去了表面的光泽，这是怎么回事？	思考、回答	引导式教学，提高学生思维能力

续上表

教学环节与教学内容	教师活动	学生活动	设计意图
	引导学生回答得出保存在煤油中的钠隔绝空气，从煤油中取出后，钠极易与氧气反应，所以切开钠表面很快失去光泽。 提问：如果在加热条件下，钠会发生什么样的变化？	认真听讲、思考	
	演示实验：加热坩埚里的钠，让学生观察实验现象。再加热没有打磨过和打磨过的铝箔，发现两块铝箔都熔化。但熔化的铝箔并不滴落，好像有一层膜兜着，这是为什么？	观察实验现象：生成了一种淡黄色固体 思考	通过演示实验，激发学生的学习兴趣
	讲述：请同学们写出钠与氧气在不加热和加热条件下的化学方程式，并标出氧化剂和还原剂。根据钠与氧气在加热的条件下的化学方程式，依葫芦画瓢，试着写出铁、铜、铝分别在点燃或者加热的条件下与氧气反应的化学方程式	书写化学方程式	巩固氧化还原反应的知识体系。通过其他金属与氧气的反应练习，提高学生的推理能力
	整理归纳：金属与氧气反应方程式 （1）$4Na + O_2 = 2Na_2O$ $2Na + O_2 = Na_2O_2$ （2）$Al + 3O_2 = 2Al_2O_3$（纯氧） （3）$3Fe + 2O_2 = Fe_3O_4$ （4）$2Cu + O_2 = 2CuO$ 讲述：熔化的铝并不滴落，是因为即使打磨过的铝在空气中也会很快生成氧化铝薄膜，这也正是性质活泼的铝在空气中能稳定存在的原因	听讲、做笔记	对比钠与氧气在不加热和加热的条件下与氧气的反应，补充其他金属与氧气的反应，实现知识的迁移
	过渡：根据钠原子最外层电子只有一个电子，所以钠是很活泼的金属，也容易与氯气、硫单质反应： $Cl_2 + 2Na = 2NaCl$ $2Na + S = Na_2S$（硫化钠）	认真听讲	扩充钠与非金属反应的知识体系

续上表

教学环节与教学内容	教师活动	学生活动	设计意图
	讲述：请同学们试着写出铁、铜、铝分别与氯气、硫单质的反应	思考书写方程式，提高推理能力	
	PPT 投影方程式的书写。 总结强调铁、铜等变价金属与氯气反应一般生成其高价化合物，原因下章分析揭晓	认真听讲，做笔记	完善金属与氯气、硫单质反应的知识体系，同时也为后面氯气性质学习先埋下伏笔
	过渡：PPT 播放某地大爆炸事故的视频。 提问：为什么消防员用水来熄灭那些燃烧着的化学品，非但没有浇灭，反而燃烧得更旺了？ 引导学生思考水在某些燃烧着的化学品中到底起了什么作用	认真观看，思考回答	通过生活中的例子，引导学生思考，激发学生的学习兴趣
	提问：在某地大爆炸事故中，用水灭火燃烧得更旺，是不是燃烧着的化学品中含有的某种金属与水发生了剧烈的燃烧？那么这种金属是不是今天要学习的金属钠呢？ 今天我们一起探究钠是否可以与水发生反应	认真听讲，思考	
	探究实验：从煤油中取一颗绿豆大小的金属钠，用滤纸吸干表面的煤油，然后把一小块钠放入加有酚酞的溶液中，让学生认真观察实验现象，并请学生回答钠是溶在水中呢？还是钠与水发生了反应？	观察、记录、思考、回答	通过演示实验，引导学生思考钠是否与水发生了反应，并分析观察到的实验现象
	验证猜想：把学生分成 4 个人一组，并请每组学生进行实验，验证钠是否与水发生了反应。各组总结观察到的实验现象，讨论观察到的顺序及其内容	实验小组交流讨论，得出结论	学生动手实验，提高了团队合作与交流的能力

续上表

教学环节与教学内容	教师活动	学生活动	设计意图
	根据各小组回答的情况，总结出钠与水发生了反应： （1）钠浮在水面上，说明钠比水的密度小。（2）钠熔成一个小球，说明反应放热，钠的熔点低。（3）钠在水面上游动，发出“嘶嘶”声，最后消失，说明有气体生成，气泡破裂产生“嘶嘶”声。（4）溶液变红	做笔记	
	提问：为什么钠会熔成小球？溶液为什么变红了？如果加入紫色石蕊溶液会怎么样？怎么证明这是一种什么样的气体呢？请同学们分组设计实验来进行验证	思考，回答，设计实验	启发学生进行全面思考，学生提高了全面思考的能力
	【改进实验装置】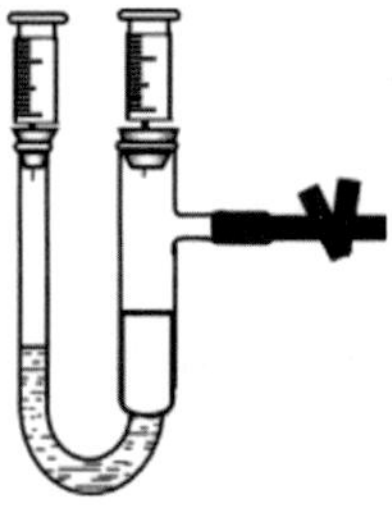教师根据学生设计的最佳实验方案进行演示讲解，并强调这是本次的一个重点内容。在带孔的聚套支管中先加入一块绿豆大小金属钠，放进U型管，然后再从U型管左端加入滴有石蕊溶液的水溶液，不能浸没聚套支管，在U型管的两端口分别用两支带针筒的胶塞塞紧，左边控制钠与水的反应速率，形成一个启普发生器，右边针筒进行收集气体，U型管右边的橡胶管在反应发生之前抹上肥皂泡，并用止水夹夹住。然后左边的针筒进行打气，反应开始进行，并用右边的针筒收集反应的气体，待反应即将结束时，把右边的止水夹打开，点燃肥皂泡，待反应结束后，并将针筒里的气体进行点燃	观察，认真听讲，思考	通过改进实验装置，学生提高了设计实验和解决问题的能力

续上表

教学环节与教学内容	教师活动	学生活动	设计意图
	得出结论： 在改进实验中，观察到溶液变蓝，得出生成物中有一种就是初中学习过能使紫色石蕊溶液变蓝、使酚酞溶液变红的碱溶液，即 NaOH 溶液。 触摸 U 型管发现外壁很热，说明钠与水的反应是一个放热的过程，所以钠熔成一个小球。 点燃肥皂泡听到“噗”的一声，点燃针筒里收集到的气体发出一阵爆鸣声，说明另一种生成物中是混有氧气和氢气的气体。 讲解：刚开始在发生反应之前 U 型管中有少量的氧气存在，所以收集的气体不纯。 提醒：在收集氢气时，一定要注意氢气的纯度，否则很容易发生爆炸	认真听讲，做笔记	师生探究新知，学生理解了钠与水反应现象产生的原因，得出钠与水发生反应生成氢氧化钠和氢气
	类比学习： 铁与水蒸气的反应：让学生探究铁与水蒸气的反应，发现铁粉变成了黑色固体，肥皂泡点燃听到“噗”的一声。 讲解：铁与水蒸气在加热条件下生成了黑色的 Fe_3O_4 和氢气： $3Fe + 4H_2O\ (g) \xlongequal{高温} Fe_3O_4 + 4H_2$	观察实验，听讲	完善金属与水的反应体系，为下节课铁的重要化合物做铺垫
	讲述：之前学过的活泼金属单质与盐反应可以置换出不活泼的金属单质，钠与硫酸反应没有生成铜单质，而是生成了氢氧化铜。 $2Na + 2H_2O \xlongequal{} 2NaOH + H_2\uparrow$ $2NaOH + CuSO_4 \xlongequal{} Na_2SO_4 + Cu(OH)_2\downarrow$	认真听讲	使学生改变以往活泼金属单质与盐反应只能置换出不活泼金属单质的思维模式

续上表

教学环节与教学内容	教师活动	学生活动	设计意图
【小结归纳，知识运用】	讲述：请同学们根据生成物写出化学方程式和离子方程式，并指出哪个是氧化剂？哪个是还原剂？某地大爆炸事故中消防员用水灭火，非但没能灭火，反而烧得更旺了，是因为化学品中含有金属钠与水发生反应，剧烈燃烧导致的。所以钠着火时不能用水和泡沫灭火器，只能用沙子覆盖	书写化学方程式，认真听讲	巩固前面学习的离子反应和氧化还原反应，再次以某地大爆炸事故结尾，从化学走向生活，体现新课标的理念

四、教学反思

本节课钠与水的探究实验主要采用探究式实验进行教学，打破了传统的教学方式，不只是一味地从实验现象得出实验结论，而是采用“发现问题—提出假设—实验验证—分析结果—得出结论”这种教学模式，有利于发挥学生的主体性。

改进的微型实验装置设计中应用了物理学的连通器原理和启普发生器原理，在确保安全的前提下能够顺利地完成金属钠与水反应的全部实验过程，实验效果很好，充分体现了此设计几个方面的优点：操作简便、安全性高、药品用量少、制作成本低、设计简捷、科学性强、节能、省时。

基于化学学科核心素养的“等效平衡”的教学设计

揭阳市揭东区蓝田中学　倪泽萍

摘要：本文以“等效平衡”教学为例，探索在高中化学课堂中如何从证据推理和模型认知、变化观念和平衡思想的维度构建学生的科学本质观，发展学生的化学学科核心素养。

关键词：学科核心素养；等效模型；平衡移动

全面深化课程改革把发展学生核心素养作为素质教育再出发的起点。在此背景下，各学科应以学科核心素养为纲，将学科核心素养落实到课程和教学中，通过教学使学生成为更为健全的个体，更好地适应未来社会的发展变化，并为社会健全和良好的发展做出贡献。

普通高中化学学科核心素养包括“宏观辨识与微观探析、变化观念与平衡思想、证据推理与模型认知、科学精神与社会责任、科学探究与创新意识”五个维度或方面的素养。在此核心素养的导向下，笔者对“等效平衡”的教学设计进行重构，旨在培育学生证据推理和模型认知、变化观念和平衡思想的化学学科核心素养。

一、教学背景

“等效平衡”是人教版高中化学选修4继“影响化学平衡移动的条件”内容之后的升华，内涵丰富，为教学之难点。由于该内容在高考中所占的比例不大，考查的内容综合性较强，难度较大，教师往往直接忽略该内容的讲授，或照本宣科只要求学生记住结论就了事了。由于“等效平衡”的教学内容比较抽象，学生是直接记住结论的，没有经过理解内化成自己的知识，因此历届学生普遍反映该部分内容难学、难懂，更难以灵活运用。

笔者研究全国高考卷时发现，等效平衡在高考中考查的方式往往不是等效平衡，而是倍增或倍减的问题。因此，本节课教学设计的指导思想是由浅入深，通过建立等效的模型（即等效平衡建立的中间状态），对结论的推理演绎和归纳升华，引导学生积极参与、分析解决问题。由于有这推理演绎过程，而不是被直接灌输结论性的知识，学生接受起来更容易，解决倍增倍减或转化率的题目时更加得心应手、有规可循，同时还可以培养学生“证据推理和模型认知”“变化观念和平衡思想”的化学学科核心素养。

二、基于化学核心素养的教学目标确立

（1）通过生活素材引入等效平衡的概念，构建等效平衡的认知模型，并能运用模型解决实际问题。

（2）通过改变容器体积从而改变压强对化学平衡的影响，发展学生“宏观辨识与微观探析”的核心素养，建构平衡思想。

（3）以化学知识为载体，对学生进行思维训练，通过“解决问题、善抓本质、找出规律”的过程，开拓学生的思路，最终达到提升思维品质的目的。

三、教学过程

教学过程设计如表1-3-8所示。

表 1－3－8　教学过程设计

<table>
<tr><th>教学环节与教学内容</th><th>教师活动</th><th>学生活动</th><th>设计意图</th></tr>
<tr><td rowspan="2">【生活情境引入，创建认知模型】</td><td>提问：往连通器加入 10 mL 水，开始时，水可以怎样加入？
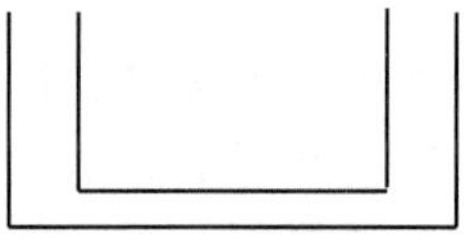
左　　　右
①10 mL　　0 mL
②0 mL　　10 mL
③2 mL　　8 mL
水加入一段时间后，连通器左右两边的水会达到平衡，当达到平衡时，上述三种情况的水位一样吗？</td><td>思考

回答：一样</td><td rowspan="2">用贴近学生生活的实例将等效平衡的建立过程直观化，让学生建立生活模型理解化学概念</td></tr>
<tr><td>过渡：化学平衡状态的建立途径也是如此，刚开始时可以先加入反应物，从正反应方向开始，或先加入生成物，从逆反应方向开始，或同时加入反应物与生成物，从中间状态开始，只要控制好开始加入的量，最终也可以得到相同的平衡状态，即等效平衡</td><td>认真听讲</td></tr>
<tr><td rowspan="2"></td><td>【问题一】
可逆反应：
$2SO_2(g)+O_2(g) \rightleftharpoons 2SO_3(g)$
开始投料
I　2 mol　1 mol　0 mol
II　0 mol　0 mol　2 mol
III　0.5 mol　0.25 mol　1.5 mol
上述三种情况，达到平衡时，等效吗？为什么？</td><td>思考</td><td rowspan="2">在问题驱动下，让学生讨论分析，教师适当参与，给予适当的指导，设计了追问，加深学生对等效平衡内涵的认识</td></tr>
<tr><td colspan="2">教师引导学生回答：等效，因为按化学计量数的比全部换算成同一半边的物质，对应各反应物的物质的量相等，故三者互为等效平衡</td></tr>
</table>

续上表

<table>
<tr><th>教学环节与
教学内容</th><th>教师活动</th><th>学生活动</th><th>设计意图</th></tr>
<tr><td rowspan="3"></td><td>追问：研究Ⅰ和Ⅱ，各组分的体积百分比Ⅰ____体积百分比Ⅱ，$c(SO_3)$ Ⅰ____$c(SO_3)$ Ⅱ，$n(SO_3)$ Ⅰ____$n(SO_3)$ Ⅱ，那么转化率αⅠ与αⅡ的关系是什么？
解析：由于换算成同一边各组分的投料量是相等的，因此达到平衡时，各组分的含量都是相等的。
| αⅠ | αⅡ |
0（2，1，0） 平衡 100（0,0,2）
答案：＝；＝；＝；αⅠ＋αⅡ＝1</td><td>思考，回答</td><td rowspan="2"></td></tr>
<tr><td>【问题二】
恒温恒压：
$2SO_2(g)+O_2(g) \rightleftharpoons 2SO_3(g)$
开始投料
Ⅰ 2 mol 1 mol 0 mol
Ⅱ 1 mol 0.5 mol 0 mol
Ⅲ 4 mol 2mol 0 mol
上述三种情况互为等效平衡吗？为什么？</td><td>思考，回答</td></tr>
<tr><td colspan="2">教师引导学生思考：我们可以建立模型，进行推导：
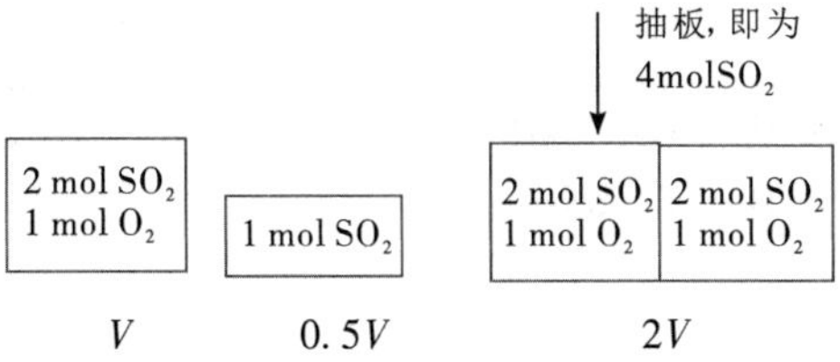

图1 图2
温度不变，由于气体在一定空间内的分布是均匀的，当图1达到平衡时，切开一半，体积、各组分的物质的量也为原来的1/2，就变成图2。由于图2是在图1基础上切开一半，切开过程中平衡没有移动，两者的平衡状态是相同的，互为等效平衡。同理，Ⅲ与Ⅰ、Ⅱ也为等效平衡</td><td>通过建立模型帮助学生论证等效平衡，从感性到理性，逐步构建“证据推理与模型认知”的核心素养</td></tr>
</table>

续上表

教学环节与教学内容	教师活动	学生活动	设计意图
【创设问题，演绎判断，证据推理】	追问：研究Ⅰ和Ⅱ，PⅠ与PⅡ，$c(SO_2)$Ⅰ与$c(SO_2)$Ⅱ，$n(SO_2)$Ⅰ与$n(SO_2)$Ⅱ之间的关系是什么。 答案：PⅠ=PⅡ，$c(SO_2)$Ⅰ=$c(SO_2)$Ⅱ，$n(SO_2)$Ⅰ=2$n(SO_2)$Ⅱ		
	【问题三】 恒温恒容： $2SO_2(g)+O_2(g) \rightleftharpoons 2SO_3(g)$ 开始投料： Ⅰ　2 mol　1 mol　0 mol Ⅱ　1 mol　0.5 mol　0mol Ⅰ、Ⅱ互为等效平衡吗？为什么？（提示：Ⅰ、Ⅱ没有可比性，借助上述的等效模型建立一个与Ⅰ、Ⅱ有关联的中间状态）	思考，回答： 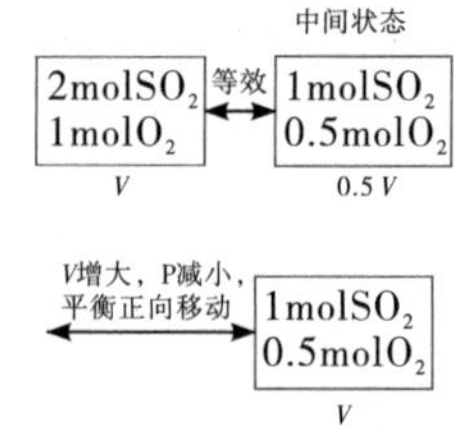 Ⅰ与中间状态互为等效平衡，中间状态的体积从0.5 V扩大到V就变成Ⅱ，由于上述可逆反应气体的体积$V_{前}>V_{后}$，体积增大，压强减小，平衡正向移动，各物质的物质的量、百分含量已发生改变；因此，中间状态与Ⅱ不是等效平衡，所以Ⅰ、Ⅱ不是等效平衡	在问题驱动下，让学生自己讨论交流，利用“恒温恒压”的等效模型分析问题，明确思维方向，建构分析等效平衡的认知模型，同时也为分析倍增、倍减的相关问题打下基础。从压强改变平衡如何移动，助其建立平衡思想，发展学生“变化观念和平衡思想”的核心素养
	追问：研究Ⅰ和Ⅱ，PⅠ____2PⅡ，$c(SO_2)$Ⅰ____2$c(SO_2)$Ⅱ，$\alpha(SO_2)$Ⅰ____$\alpha(SO_2)$Ⅱ。 解析：若平衡不移动，PⅠ=2PⅡ，$c(SO_2)$Ⅰ=2$c(SO_2)$Ⅱ，但P减小平衡正向移动的过程中，气体总的物质的量减小，使Ⅱ中实际压强减小，SO_2、O_2的物质的量也减小，SO_3的物质的量增大，平衡转化率减小。 答案：>；>；>	思考，回答	

续上表

教学环节与教学内容	教师活动	学生活动	设计意图
	【问题四】 恒温恒容： $H_2(g)+I_2(g)\rightleftharpoons 2HI(g)$ 开始投料 I 2 mol 1 mol 0 mol II 1 mol 0. 5mol 0mol I、II 互为等效平衡吗？为什么？	【学生】 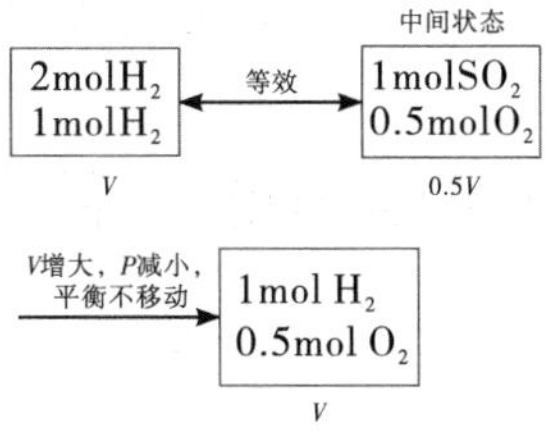 I 与中间状态互为等效平衡，中间状态的体积从 0. 5 V 扩大到 V 就变成 II，由于上述可逆反应气体的体积 $V_{前}=V_{后}$，体积增大，压强减小，平衡不移动，各物质的物质的量、百分含量保持不变，因此，中间状态与 II 互为等效平衡，所以 I、II 互为等效平衡	
	追问：研究 I 和 II，PI ____ 2PII，$c(H_2)$ I ____ $2c(H_2)$ II，$\alpha(H_2)$ I ____ $\alpha(H_2)$ II 答案：=；=；=		
【知识归纳，提升科学思维】	师生共同总结等效平衡的规律——极限转化法： （1）任何可逆反应，由极端假设法按化学计量数的比全部换算成同一半边的物质，对应各反应物的物质的量相等，则互为等效平衡。 （2）恒温恒压，任何可逆反应，换算成同一半边的物质，对应各反应物的物质的量成等比，则互为等效平衡。 （3）恒温恒容，$\Delta n\neq 0$ 的可逆反应换算成同一半边的物质，对应各反应物的物质的量相等，则互为等效平衡；$\Delta n=0$ 的可逆反应换算成同一半边的物质，对应各反应物的物质的量成等比，则互为等效平衡		通过讨论，引发学生思考，得出等效平衡的一般规律，培养学生归纳总结的能力

四、教学反思

本节课通过设计符合学生思维发展的问题，构建自己的认知模型，对原理做了深层剖析，使问题简单明了化，同时培养学生运用知识的灵活性，体现了“证据推理和模型认知”的核心素养，取得较好的教学效果。

基于化学学科核心素养的“离子反应及其发生条件”的教学设计

韩山师范学院化学与环境工程学院　颜冰莹

摘要：本文以“离子反应及其发生条件”教学为例，探索在高中化学课堂中如何从证据推理与模型认知、科学探究与创新意识的维度构建学生的科学本质观，发展学生的化学学科核心素养。

关键词：学科核心素养；离子反应；实验探究

一、教学背景

本节课是学生认识离子反应和离子方程式的起始课。从教材的体系看，它是初中学习溶液导电性实验、酸碱盐电离知识的延续和深化，又是学习电解质溶液理论知识的基础，起着承上启下的作用。

本节课的授课对象是高一普通班学生。在知识的储备上，学生已经学习了物质的分类与电解质与非电解质的知识，具备学习新知识的基础。在能力储备上，学生已经学习了一些基本的实验操作方法，已有一定的实验能力和分析能力，但实验探究能力不足，需要教师引导。在心理特征上，高一学生好奇心强，思维活跃，对实验探究的兴趣比较大。

二、基于化学核心素养的教学目标确立

（1）学生通过自主实验，学会收集、整理、归纳、总结和概括知识，提高科学探究和动手实验能力，发展“科学探究与创新意识”的核心素养。

（2）通过对离子反应发生的条件、书写、共存问题进行归纳，形成一套模型，有利于学生更好地理解这部分的内容，同时发展“证据推理与模型认知”的核心素养。

三、教学过程

教学过程设计如表 1－3－9 所示。

表 1-3-9 教学过程设计

教学环节与教学内容	教师活动	学生活动	设计意图
【复习导入，以旧带新】	讲述：同学们，上节课我们学习了电解质的概念，请同学们回忆一下	回忆，回答：电解质是指在水溶液里或熔化状态下能够导电的化合物，如酸、碱、盐等	
	讲述：好，我们知道电解质在水溶液中能够导电，是因为它们在水溶液中发生了电离，产生了能够自由移动的离子。那么，电解质在水溶液中的反应，实质是什么物质在发生反应呢？	联系所讲述内容，思考，回答：离子	
	过渡：很好，由于电解质溶于水后电离成为离子，所以，电解质在溶液中的反应实质上是离子之间的反应，这样的反应叫作离子反应	听课，做笔记	
【实验探究，建立模型，突破重点】	提问：是否所有的电解质都会发生离子反应呢？带着这个问题，我们就要探究离子反应的发生条件应该具备什么条件	思考	
	演示实验：现在我来做两个实验，请同学们认真观察现象并思考。 （1）向盛有 2 mL Na_2SO_4 溶液的试管里加入 2 mL 稀 KCl 溶液。 （2）向盛有 2 mL Na_2SO_4 溶液的试管里加入 2 mL 稀 $BaCl_2$ 溶液。 同学们可以观察到什么现象？	认真观察现象：（1）无明显现象；（2）生成白色沉淀	

续上表

教学环节与教学内容	教师活动	学生活动	设计意图
	讲述：通过这个实验，我们知道 Na_2SO_4 溶液和稀 KCl 溶液混合，无明显现象。实际上，只是 Na_2SO_4 电离出来的 Na^+、SO_4^{2-} 与 KCl 电离出来的 K^+、Cl^- 的混合，没有发生化学反应。而 Na_2SO_4 溶液与 $BaCl_2$ 溶液则发生了化学反应，生成了白色沉淀，反应式子如下：$Na_2SO_4 + BaCl_2 = 2NaCl + BaSO_4$	认真听讲	直观演示实验，通过实验现象启发学生思考，激发学生学习的兴趣
	设疑：现在，请同学们根据老师的讲解，自主分析一下实验 1 与实验 2 混合前后离子的变化	思考，回答	
	解疑：采用动画演示离子状态。 实验 1：Na^+、SO_4^{2-}、K^+、Cl^- 实验 2： 混合前：Ba^{2+}、SO_4^{2-}、Na^+、Cl^- 混合后：Na^+ Cl^-、$BaSO_4$	观看动画，回答	
	讲解：很好，根据同学们的回答，我们发现，实验 2 当 Na_2SO_4 溶液和 $BaCl_2$ 溶液混合时，Na^+ 和 Cl^- 之间没有发生化学反应，而 Ba^{2+} 和 SO_4^{2-} 之间则发生了化学反应，生成难溶的沉淀，所以实质是：$Ba^{2+} + SO_4^{2-} = BaSO_4$	听讲	

续上表

<table>
<tr><th>教学环节与教学内容</th><th>教师活动</th><th>学生活动</th><th>设计意图</th></tr>
<tr><td></td><td>实验探究：接下来我们继续探究其他电解质溶液混合后能够发生的反应，它们的生成物有什么特征？
（1）向盛有 5 mL $CuSO_4$ 溶液的试管中加入 5 mL NaOH 溶液。
（2）向盛有 2 mL Na_2CO_3 溶液的试管里加入 2 mL 盐酸。
（3）向盛有 2 mL NaOH 稀溶液的试管里滴入几滴酚酞试液，再缓慢滴入稀盐酸。
注意观察实验现象与反应发生的条件</td><td>以最优化分配人数分组进行实验，记录实验现象：<table><tr><th>实验操作</th><th>现象</th><th>实质</th></tr><tr><td>向盛有5 m L Na_2SO_4 溶液的试管中加入 5 mL $BaCl_2$ 溶液</td><td>产生白色沉淀</td><td>生成难溶于水的沉淀</td></tr><tr><td>向盛有 2 mL Na_2CO_3 溶液的试管里加入 2 mL盐酸</td><td>产生气体</td><td>生成易挥发的气体</td></tr><tr><td>向盛有 2 mL NaOH 稀溶液的试管里滴入几滴酚酞试液，再缓慢滴入稀盐酸</td><td>先变红滴入盐酸后红色消失</td><td>生成难电离的水</td></tr></table></td><td>让学生独立做实验，引导学生对离子反应发生条件进行探讨，提高自主实验探究能力</td></tr>
<tr><td></td><td>总结：同学们，以上这些电解质溶液混合后，其电离产生的离子之间能够发生反应，是因为能够生成难溶物（沉淀）或挥发性物质（气体）或难电离（水）物质。这些都是离子反应的条件之一，这也是复分解反应的条件</td><td>听讲</td><td>归纳、总结离子反应发生的条件</td></tr>
<tr><td></td><td>设疑：同学们已经很好地掌握了离子反应发生的条件，那么，离子反应的方程式应该怎么写呢？我们回顾上个实验 2：向盛有 2 mL Na_2SO_4 溶液的试管里加入 2 mL 稀 BaCl 溶液，而我们已经知道实际参与反应的是 Ba^{2+} 和 SO_4^{2-}，则这个反应的离子反应是什么？</td><td>回答：$Ba^{2+} + SO_4{}^{2-} \xlongequal{} BaSO_4 \downarrow$</td><td></td></tr>
</table>

续上表

教学环节与教学内容	教师活动	学生活动	设计意图
	过渡：实际参加反应的离子符号来表示反应的式子，叫作离子方程式		通过对知识点的回顾，引出离子方程式的概念
	讲述：接下来，我们来学习离子方程式的书写步骤。 举例：以 $CuSO_4$ 与 NaOH 的反应为例， ①写：$CuSO_4 + 2NaOH \xlongequal{} Cu(OH)_2\downarrow + Na_2SO_4$ ②拆：$Cu^{2+} + SO_4^{2-} + 2Na^+ + 2OH^- \xlongequal{} Cu(OH)_2\downarrow + 2Na^+ + SO_4^{2-}$ ③删：$Cu^{2+} + 2OH^- \xlongequal{} Cu(OH)_2\downarrow$ ④查：原子与电荷守恒。 这就是一个完整的离子方程式书写的流程。 注意： 易溶、易电离物质能拆：强酸：HCl、HNO_3、H_2SO_4 等；强碱：NaOH、KOH、$Ba(OH)_2$ 等；可溶性盐：钾、钠、铵盐和硝酸盐。 难电离物、气体、单质、氧化物质不能拆。 多元弱酸的酸式酸根不可拆开，如 HCO_3^-、HS^- 等。 微溶物若处于浑浊状态要写分子式（如 $CaSO_4$），澄清状态改写离子式	听讲，做笔记	提醒学生离子方程书写的注意事项，为做练习题打好基础

续上表

教学环节与教学内容	教师活动	学生活动	设计意图
【总结知识，练习巩固】	PPT 展示练习： 1. 下列离子方程式正确的是（　　） A. $Cu(OH)_2$ 与稀 HNO_3 混合：$OH^- + H^+ = H_2O$ B. $CaCl_2$ 与 Na_2CO_3 反应：$Ca^{2+} + CO_3^{2-} = CaCO_3\downarrow$ C. MgO 与 HCl 反应：$O^{2-} + H^+ = H_2O$ D. $Ba(OH)_2$ 与稀 H_2SO_4 反应：$Ba^{2+} + SO_4^{2-} = BaSO_4\downarrow$ 2. 在下列离子方程式中，不能用离子方程式 $Ba^{2+} + SO_4^{2-} = BaSO_4\downarrow$ 来表示的是（　　） A. $Ba(NO_3)_2 + H_2SO_4 = BaSO_4\downarrow + 2HNO_3$ B. $BaCl_2 + Na_2SO_4 = BaSO_4\downarrow + 2NaCl$ C. $BaCO_3 + H_2SO_4 = BaSO_4 + H_2O + CO_2\uparrow$ D. $BaCl_2 + H_2SO_4 = BaSO_4\downarrow + 2HCl$	做练习	
	类比总结：参照课本内容分别写出四组不同酸、碱反应的化学方程式和离子方程式并找出规律：①揭示反应的实质；②不仅可以表示一定物质间的某一反应，还可以表示所有同一类型的反应		训练学生独立思考的能力，发现中和反应的实质

续上表

教学环节与教学内容	教师活动	学生活动	设计意图
	创设问题情境： 下列各组离子在溶液中不能大量共存的是（　　）。 A. Na^{+}、Ba^{2+}、Cl^{-}、SO_4^{2-} B. K^{+}、SO_4^{2-}、NO_3^{-}、OH^{-} C. H^{+}、NH_4^{+}、Fe^{3+}、SO_4^{2-} D. H^{+}、Cl^{-}、CO_3^{2-}、NO_3^{-}		
	设疑：以上这个问题实质上是离子的共存问题，什么样的离子之间不能大量共存呢？	思考	
	师生总结： 1. 发生复分解反应的离子不能大量共存。 （1）生成沉淀：例如 Ag^{+} 与 Cl^{-}，Ba^{2+} 和 SO_4^{2-} 不能共存。 （2）生成气体：例如 CO_3^{2-}、HCO_3^{-}、SO_3^{2-}、HSO_3^{-} 等易挥发的弱酸的酸根不能跟 H^{+} 大量共存。 （3）生成难电离物质：如 H^{+} 和 OH^{-} 生成 H_2O，CH_3COO^{-} 和 H^{+} 生成 CH_3COOH，NH_4^{+} 和 OH^{-} 生成 $NH_3 \cdot H_2O$。 2. 审题时应注意题中给出的附加条件。 （1）无色溶液不存在有色离子：如 Cu^{2+}、Fe^{3+}、Fe^{2+}、MnO_4^{-} 等都有一定颜色； （2）注意挖掘某些隐含离子：酸性溶液（或 PH < 7）中隐含有 H^{+}，碱性溶液（或 PH > 7）中隐含有 OH^{-}		设置问题情境，通过问题导入离子共存问题，对离子共存问题进行归纳总结

四、教学反思

本节课采用动画播放来演示离子状态的方法，使同学们更加形象直观地了解知识内容。本节课由教师演示实验和学生自主实验，以实验带出知识的方法，更加激发学生的学习兴趣，提高学生的自主探究能力。课堂最后对板书内容进行回忆，增强学生对知识点的记忆。

基于化学学科核心素养的“强弱电解质”的教学设计

韩山师范学院化学与环境工程学院　张泽锐

摘要：本文以“强弱电解质”教学为例，探索在高中化学课堂中如何从宏观辨识与微观探析、变化观念和平衡思想、科学态度与社会责任的维度构建学生的科学本质观，发展学生的化学学科核心素养。

关键词：学科核心素养；电离模型；平衡移动

一、教学背景

“强弱电解质”是人教版高中化学选修4继“影响化学平衡移动的条件”的内容之后的拓展，内涵丰富，为教学之难点。

笔者研究全国高考卷时发现，强弱电解质在高考中考查的方式往往不是单纯的定义，而是以此模型衍生出的电离图、电离程度等进行综合考查。因此，本节课教学设计的指导思想是由浅入深，引导学生积极参与、分析解决问题，而不是被直接灌输结论性的知识，学生接受起来更容易，解决强弱电解质类型的题目时更加得心应手、有规可循，同时培养学生“变化观念和平衡思想”的化学学科核心素养。

二、基于化学核心素养的教学目标确立

（1）通过对一元酸（HCl、CH_3COOH）两者的电离情况进行实验，通过运用手持技术来对两者电离进行深层次的分析，实现从宏观现象到微观粒子的动态分析，发展“宏观辨识与微观探析”和“变化观念和平衡思想”的化学学科核心素养。

（2）通过学习，建立化学与生活的联系，学以致用，发展“宏观辨识与微观探析”和“科学态度与社会责任”的化学学科核心素养。

三、教学过程

教学过程设计如表1－3－10所示。

表 1－3－10　教学过程设计

教学环节与教学内容	教师活动	学生活动	设计意图
【生活情境引入，激发学习兴趣】	提问： （1）相同条件下，不同电解质的电离能力是否相同？ （2）生活中为什么一般会用含醋酸或草酸的清洁剂，而不用含盐酸的清洁剂呢？	思考	通过提问开展教学，并且涉及生活实际，有助于学生兴趣的提升和新知识的掌握
【探究实验，证据推理，建立模型】	进行实验演示： 先测定同体积、同浓度的 HAc、HCl 的 pH，再取两根试管分别加入等体积等浓度 HAc、HCl 后与足量镁反应，塞上瓶塞，用针筒收集气体，提醒学生观察反应速率和生成气体体积是否有差异。 让学生阅读课本实验 3－1，然后分小组进行实验	开始分组进行实验，包括测定 pH、观察反应现象，并开始对实验结果进行讨论分析，学生分为两人一组，其中一个学生负责做实验，一个学生负责观察实验现象并记录，实验结束后讨论，并对结果进行总结归纳	从生活入手，让学生自己动手做实验，一是让学生进行探究，且可以强化学生的逻辑思维能力，二是由于前面所学知识大部分是理论知识，为避免学生有疲倦心理，因此理论与实践结合进行，培养学生“科学探究与创新意识”的素养
	提问：观察到什么现象？	回答：等体积、等浓度 HAc、HCl，HCl 的 pH 比 HAc 小，反应速率 HCl 比 HAc 快，产生的 H_2 量一样多	通过提出问题，让学生进行思考，新知识与旧知识进行碰撞，从而让学生能够引起认知上的冲突，为接下来的学习做铺垫
	提问：为什么浓度相同，pH 却不同？	分析，并回忆酸碱的知识以及化学平衡可逆反应的特点进行回答	
	提问：为什么等体积、等浓度的 HAc、HCl，HCl 的 pH 会更小？反应速率不同呢？	回答不一，但大多数想到是因为弱电解质中存在某种平衡。HCl 是完全电离，HAc 是部分电离，$c(H^+)$：HCl > HAc	

续上表

教学环节与教学内容	教师活动	学生活动	设计意图
	提问：那为什么两者产生的H_2量一样多呢?	回答：因为弱电解质中存在电离平衡，反应需要消耗H^+，所以促使弱电解质向电离方向进行直至电离完全	问题的驱动，让学生对宏观现象的认识深入到微观粒子的动态平衡，着重培养学生“变化观念与平衡思想”以及“宏观辨识与微观探析”的素养
	讲述：同学们回答得都没错，就是这些因素才导致了刚刚的实验现象的，所以综合上述的现象推理分析，我们就可以得知弱电解质的电离是一个可逆反应，同时也可以通过这些方法来判断一种物质是否为弱电解质	总结，开始归纳判断一个物质为强弱电解质的方法	
【知识归纳，联系生活，提升科学思维】	师生共同总结本节课重点： （1）弱电解质电离不完全 （2）弱电解质的判断方法 讲述：生活中我们为何会选择醋酸或者草酸清洁剂？因为强酸类清洁剂电离完全，酸度过大，不安全、不方便快捷		为学生普及生活常识，让学生体会到“生活处处有化学”，让学生学以致用，培养学生“科学态度与社会责任”的素养

四、教学反思

本节课通过设计同体积同浓度 HAc、HCl 进行探究实验，从而推导出弱电解质的电离可逆（即电离不完全），着重强化学生的逻辑推理以及归纳处理的能力，并且注重学生宏观辨识与微观探析、变化观念与动态平衡等核心素养的培养。

第二部分　案例分析

“氧化还原反应”教学案例分析

揭阳市揭东区蓝田中学　陈丹霞

摘要：氧化还原反应知识属于化学概念原理知识，理论性和抽象性较强，加上高一新生受自身知识水平和思维特点的限制，使得在这方面的教学具有一定难度。但氧化还原反应是贯穿高中化学始终的最基本概念之一，对这部分内容的学习是至关重要的。因此找到对氧化还原反应的学习困难所在，深入了解造成学生学习困难的原因，并找到行之有效的教学策略，有利于学生建立正确的氧化还原概念。

关键词：化学概念；氧化还原反应；困难；对策

化学概念原理知识是化学现象本质的反映，穿插于教材的各个部分，为其他化学知识的学习提供了理论上的支持。氧化还原反应知识是学生学习金属元素、非金属元素及其化合物知识、有机化合物知识的理论基础，为学生探索物质相关性质和未知物质的推断提供重要理论依据，有助于学生对金属和非金属的活动性顺序、金属的腐蚀、原电池和电解等原理的理解。氧化还原反应知识在日常生活、工农业生产等方面具有重要的作用和意义，对这部分内容的学习也是学生认识化学与实际生活生产紧密联系的重要渠道。因此，氧化还原反应知识体系是中学化学教学的重点内容。刚升入高中的学生，受自身知识水平和思维特点的限制，在化学概念的学习上普遍会感到困难。找到学习氧化还原反应知识的困难所在，深入了解造成学生学习困难的原因，并找到行之有效的教学策略就显得十分必要。

一、学习困难分析

造成学生学习困难的原因，我认为有以下几个方面。

1．概念本身的复杂性

“氧化还原反应”的概念系统中除了氧化还原反应本身的概念，还包括诸多衍生概念，如化合价的升降、氧化反应、还原反应、氧化性、还原性、被氧化、被还原、氧化剂、还原剂、氧化产物、还原产物等。这些概念在“氧化还原反应”知识系统中是对立统一的，对于学生有一定的学习困难。

2. 学生学习水平的限制

造成学生化学基础比较薄弱的原因主要有两个：一是学习方法和学习习惯不良，很多知识依赖于死记硬背，自己理解的成分很少，机械记忆造成知识出现不同程度的遗忘。例如：提问自行车生锈的过程涉及什么反应，学生回答得出是氧化反应，但回忆不起来初中对于氧化反应的定义是“得氧”，自然也回答不出木炭还原氧化铜发生的还原反应是因为“失氧”，他们对于这些对立概念出现了定义模糊的情况，这对接下来从得失氧角度过渡到化合价升降角度去分析氧化还原反应造成了一定的困难。另外，由于刚上高一的学生掌握的元素化合物和原子结构的知识很少，对于化学式、化合价方面的内容掌握得不够牢固，包括对化合价标定规则掌握不足，从而导致化学式的书写错误，例如不理解一个硫酸钠分子中钠原子为什么会有两个。而且学生对于元素化合价的本质不理解，不能将初中学习的原子结构知识与化合价相联系，例如，不理解为什么钠元素在化合物中的化合价是 +1 价，这些情况对后续讲解氧化还原反应的本质是电子转移，电子转移导致元素化合价发生变化，造成了一定的困难。二是化学兴趣不浓厚，这也可能是因为初中化学基础薄弱导致学生在心理上有些许自卑，认为化学知识理论性较强，上化学课像听天书一样，听不懂老师在讲什么，长此以往，学生对化学的兴趣便越来越小。

二、解决对策

针对学生在氧化还原反应方面遇到的这些学习困难，在实践的基础上，我总结了以下几个行之有效的解决对策：

1. “从生活走进化学，从化学走向社会”

对于如何提高学生的化学学习兴趣，我认为可以从“从生活走近化学，从化学走向社会”这一化学理念出发，达成的效果有两方面：一方面可以让学生认识到化学与实际生活生产的联系是很紧密的，形成一种“学化学对我的生活是有帮助的”的思想意识；另一方面也可以通过生活生产中的直观例子来促进学生对理论知识的理解。对于氧化还原反应这部分内容，我主要采用学生生活中熟悉的自行车生锈以及切开的苹果在空气中久置会变黄这几个例子，提问学生这当中的原理是什么，并在知识点讲解完之后提问学生如何预防自行车生锈和苹果发黄，通过对这些生活例子的理解来激发学生对化学的学习兴趣。

2. “氧化—还原”对应生活中“苦—甜”

经过初中阶段的化学学习，学生对于氧化还原反应的概念是分立的。例如他们会认为自行车生锈仅发生氧化反应，没有还原反应，木炭还原氧化铜也只发生还原反应，没有对氧化反应和还原反应建立对立又统一的思想。针对这一点，我主要从学生的实际生活出发，列举生病吃苦药的例子，当吃完苦药后立即吃一块糖，会发现此时的糖比平时吃的要甜，吃过了苦，才会知道甜到底有多甜，一直吃甜的东西，到最后会忽略甜的味道，所以生活中许多东西虽是相反的、相互矛盾的，但又必须统一存在，有苦必定有甜，有快乐必定有痛苦。氧化还原反应也是如此，在一个氧化还原反应中，有化合价升高，必有化合价降低，有氧化反应必有还原反应，化学知识中的原理其实和生活中的道理、生活规律是相通的。列举生活中吃苦药这一实际例子，不仅有利于学生形成对立统一的思想，同时也为后续学习电子的转移这一本质做好铺垫。在引导学生从得失氧角度转移到化合价升降角度来判断是否发生了氧化还原反应的过程中，也要向学生讲明，初中所学的从得失氧角度分析氧化还原反应并不是错误的，只是不够全面，当它不能帮助我们解决其他困难时，我们就要懂得从另一角度来找办法，即化合价升降角度。其实生活也是如此，许多事情也要从不同角度来看待，收获是不同的，这也有利于学生实现这节课的情感态度与价值观目标。

3. 将“电子转移”宏观化

氧化还原反应对立统一的抽象概念很多，而且要将这种抽象概念、化合价的变化与电子的转移等微观表征联系起来，对学生来说更具有一定的思维难度。为了帮助学生解决这些学习困难，我将微观的原子结构示意图和“电子转移”进行宏观化。以钠与氯气反应生成氯化钠为例子，我将钠原子和氯原子的原子结构示意图画出来，并贴在硬纸板上，且最外层的电子用可移动的小磁铁代替，使“电子转移”从微观理论变成宏观操作。具体教学过程是这样的：

（1）先将这两个原子结构示意图展示给学生，通过核内和核外电子数的分析，使学生理解反应前钠单质和氯气化合价为 0 价的原因。

（2）接着让学生联系初中所学的旧知识，分析这两个原子的最外电子层是否达到 2 个或 8 个电子的稳定结构，如果不稳定，应该怎么办？（钠原子最外层多一个电子，氯原子最外层少一个电子）。

（3）让学生进行“电子转移”的宏观操作（学生将钠原子最外层多出的一个“小磁铁”转移到氯原子的最外层上）。

（4）最后让学生自己分析“电子转移”后各原子的核内和核外电子数的变化，从而导致反应前后元素化合价的变化，自己得出结论：氧化还原反应中电子的转移导致元素化合价发生了变化。之后教师再帮助学生进行总结氧化还原反应的特征与本质之间的关系，即“升失氧，降得还”，简明扼要，同时也便于学生记忆。

在这一教学过程中，我利用原子结构示意图的硬纸板和可移动的小磁铁这两个直观教具，来讲解电子转移和化合价变化这两个抽象概念。通过实际课堂上的反应，可以发现许多学生能够很快地回答出“将钠原子最外层多出来的一个电子转移到氯原子的最外电子层上”，而且过程中的第（2）（3）（4）步都由学生自己来操作，教师起的只是引导和总结的作用，给予了学生足够的思考空间和参与“操作”的机会，将课堂还给学生，突出学生在课堂上的主体地位。

三、总结

经过课堂实例发现学生在氧化还原反应中的学习困难主要表现在化学知识基础薄

弱，抽象思维能力和逻辑推理能力较差，针对这几个困难，我主要从化学理念以及化学学科核心素养出发，提出相应的解决对策，使学生认识到化学与实际生活的紧密联系，提高学生的化学学习兴趣，同时通过对立统一的思想，以及宏观辨识与微观探析相结合的学习方法，逐渐培养学生的科学素养，取得了较好的效果。

提高农村普通高中生化学学科高考得分率的实战策略

揭阳市揭东区蓝田中学　陈冬凤

摘要：在新形势下的高考中，化学学科在高考中的考纲要求以及同一知识点的考查方式也随着改变。对此，我们要及时跟上时代的步伐，调整备考策略。笔者针对在长期的备考中发现的一些问题，提出高中生化学学科高考得分率的实战策略。

关键词：全国卷；普通中学；高考化学；解题策略

随着广东高考使用全国卷，化学这一学科在高考中的考纲要求以及同一知识点的考查方式也随着改变。在新形势下的高考中，化学这一学科如何应试？下面我就农村普通高中学生情况，浅谈一下我个人的几点解题策略。

1. 重视选择题

全国卷包括选择题、实验题、工业流程题及有机题等四道大题。作为农村普通中学学生，知识储备及解题创新能力远远不及重点中学学生。那么在全国卷中化学这七道选择题，共42分，大多数是对基本知识点的考查，基础扎实的学生基本上选择题的得分比较理想，尤其是农村中学的学生，可以说：得选择题者，得化学。全国卷的使用，不仅从广东卷的“单项选择题＋多项选择题”过渡为“纯单项选择题”，分值由36分提到42分，而且题型及考查知识点也有所调整，比如广东卷固定考查的“离子共存”在全国卷中已被其他题型取代。那么如何做好选择题？首先要了解考查题型及知识板块。我个人认为教师还是应该第一时间引导学生从近三年的全国卷入手。俗话说：知己知彼，方能百战百胜。只有熟悉考查的题型，才能做到有的放矢，有针对性的训练。

如对阿伏伽德罗常数的考查，一般从以下几个方面入手：

（1）考查氧化还原反应中电子转移数目。例如：1 mol Cl_2与足量的铁反应转移电子数目为$2N_A$，面对题目时，应引导学生寻找突破口，提取题干中的有效信息，如“足量”说明氯气完全反应，那么只需寻找出比例关系：Cl_2——$2Cl^-$——$2e^-$，便可知该选项是正确的。

（2）考查可逆反应，如“2 mol NO与1 mol O_2 充分反应生成的分子数目为$2N_A$”。首先必须要求学生对常见的几个可逆反应熟记于心，如合成氨、二氧化硫转化为三氧化硫、碘与氢气合成碘化氢、二氧化氮与四氧化氮之间的转化以及酯化反应等。具备了这些基础知识，则可知“$2NO + O_2 = 2NO_2 \rightleftharpoons N_2O_4$”这一关系，由此推断该题错误。

（3）对于 V_m 的使用，要求学生必须有以下的知识储备：只有标准状况下的气态物质才满足 $V_m = 22.4\ L/mol$，那么就要熟记常考查的标准状况下的几类非气态物质，例如：水、SO_3以及碳原子数目小于 5 的烃类物质等。

（4）考查有机物的结构与性质。一般考查化学反应类型、分子式、官能团及其涉及的反应。

总而言之，想要做好选择题，首先对于各类题型只有熟悉其考查的方向，同时扎实地落实双基的训练，自然在考场上面对题型变化（2017 年取消了阿伏伽德罗常数作为一道完整选择题的考查，将其替换成一道涉及物质分离提纯的化学实验题）则游刃有余。落实双基就是要让学生将几本化学教材通读，尤其是平时容易忽视的一些地方更应着重理解。其次加强元素化合物、有机化学方程式及其实验相关知识的反复记忆，以便高考时能快速、准确地提取基础知识进行应用。平时重视图像、图表类选择题的训练。考场上分秒必争，平时也应增加选择题的定时训练，提高做选择题的速度、技巧，增强应考自信心。

2. 尽量攻下有机大题

有机题型作为四道大题之一，其考查的知识点不外乎有机物的命名、官能团、分子式、有机物结构简式、同分异构体种类的判断及化学方程式的书写、合成流程题。虽然较于广东卷，全国卷有机版块新增了合成流程题及有机物同分异构体种类的判断，但是基本考查方向保持不变，题型的创新程度也远远不及工业流程及实验大题，所以对于农村中学的考生来说，有机版块是拿分的另一题型。那么在平时备考过程中，除了落实各类有机物官能团及其对应性质的练习，强化对各类有机物同分异构体的种类的判断，最重要的是能够从已知信息点中提取有效信息答题，如：已知：

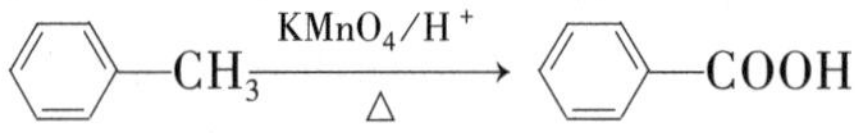

由方程式可知该反应属于氧化反应。那么题干中同样用“$\xrightarrow[\triangle]{KMnO_4/H^+}$”作为反应条件的转化也必为氧化反应，且产物必含有羧基。也就是说能从流程的反应条件与已知信息条件的吻合来判断反应物的官能团及反应类型。又如已知信息：

$$2RCH_2CHO \xrightarrow[\triangle]{NaOH/H_2O} R—CH_2CH—\overset{\overset{\displaystyle R}{\|}}{C}CHO$$

那么我们能够根据已知信息里面反应物跟生成物的结构比对，得出反应的断键部位及官能团的转化，从而得出陌生方程式的仿写。最后还得做到能从流程中给出的反应条件判断常见反应类型及对应官能团，这就要求平时知识储备过程中必须熟悉常规的如酯化反应、卤代烃的消去反应与水解反应、烃的取代反应等反应的反应条件。也就是说，在应试中，无论有机题型如何设计，只有知识点扎实才是硬道理。因为有机知识点的考查都是万变不离其宗。

3．高考中沉着应战，易题先做，难题先弃

理综考查三个科目，在高考考场上分秒必争，合理利用时间答题很关键。所以除了要求学生基本功扎实，熟悉解题技巧，有效地提取有效信息点之外，对于农村中学的考生，知识框架不完整，对题干有效信息点的提取也就更吃力了，所以还要求做到：做其所会做，难题留到最后有时间再来挑战、突破。做到有所取舍，有舍才有得，不舍更难得，这也是一种应试策略。

4．实验题、工业流程题量力而为

考场上无法做到面面俱到，只求最后综合分最理想。实验题与流程题这两大版块题型对于农村中学的学生来说是“鸡肋”，食之无味，弃之不忍。那么在平时的训练中也应该设置针对性的训练让学生拿下简单的题型，较为复杂的可放弃。比如熟记实验题中常考查的仪器：分液漏斗、三颈烧瓶、蒸馏烧瓶、冷凝管等。又如对于有毒气体的制备，最后免不了尾气吸收。又如常见几种气体制备及提纯、收集方法这些都要熟记。总而言之：容易的题尽量拿分，难题毫不犹豫放弃。工业流程题中也是难中留有送分题。

以上就是我个人对于农村高中学生在化学应试中提出的几点行之有效的策略，我们只有不断地研究、探索，才能不断地进步。

对“酸、碱、盐在水溶液中的电离”教学案例的探讨

揭阳市揭东区蓝田中学　陈洁曼

摘要：通过对“酸、碱、盐在水溶液中的电离”的课堂教学设计，探讨如何构建高效的概念理论课教学。

关键词：电解质；概念；课堂教学

怎么样的化学教学才能让学生学得轻松？从教十余年，这是我一直深思的问题。有人说，必须让学生觉得化学有用，有兴趣学，学了有乐趣。有人说，化学本身就是以实验为基础的学科，而且又与生活紧密相关，相比其他学科容易教得多。有人说，必须抓好高一这个过渡阶段，化学属于理科中的文科，教得好也需要学生课后用心熟记、理解，不然也是枉然。答案实在是很多……在教学过程中，大多数教师都有这样一种感受，其他类型的课还好，对于理论课的教学，教与学要轻松，从来不是一件容易的事，通常是教师教得疲累，学生学得厌烦，课堂学习气氛异常沉闷，学生学习积极性不高，学习效果自然不言而喻。下面我就以高中化学人教版必修 1 第二章第二节离子反应第 1 课时“酸、碱、盐在水溶液中的电离”为例，谈谈我对理论课的教学处

理方法。

若按照教材的内容编排顺序，先讲述电解质及非电解质的概念，电离，电离方程式的书写，再总结酸、碱、盐的定义，按这样的教学编排，一节课下来之后，很多同学对电解质、非电解质的判断往往感到模糊，大多只会简单抓住类别进行分辨，无法真正了解电解质、非电解质能否导电的本质原因。因为概念对电解质及非电解质的分析只是停留在表面，能否导电，与电离基本是完全脱离。对概念的学习非常低效，不利于学生对知识的掌握，也不符合现行教学的要求。

根据新课程改革理念，高中化学课堂教学过程应该是一个学生主动构建化学知识体系，发展自身能力，培养正确情感、态度与价值观的探究过程，学生才是整个教学活动的主体。由此，我对教材的内容做了如下调整：

知识顺序：溶液的导电性实验→电离的概念（导电的实质）→电离方程式的书写→酸、碱、盐的定义（联系化合物分类）→电解质、非电解质的概念（从本质分析、从类别上进行判断）。

在教学的过程中，我采用了如下做法来降低学生对概念学习的难度。

1. 巧设教学情境，启发学生质疑，激发学习兴趣

通过设置情景问题引入课题：为什么流汗后人体容易触电（汗液成分的介绍）？运动后人体为什么要补充电解质（比如脉动饮料）？通过设置一系列与生活相关的问题，引发学生的好奇心，激发学生对电解质这一物质学习的求知欲。并且理论知识点与日常生活的实际进行有机结合也会让学生觉得化学离他们的日常生活很近，与生活中的实际问题息息相关，在某些程度也会鼓励他们主动去探索这些生活问题与化学有何种关联。

2. 利用好化学学科的独特魅力——实验，提高学习化学的积极主动性

新课的推进不是按照一贯的溶液的导电性实验或是 Flash 播放让学生复习回忆酸、碱、盐溶液可以导电，而是利用音乐贺卡实验，探究哪些物质溶于水可以导电，来引入电离这个知识点，这一做法极大程地吸引了学生的眼球，能感受出他们对新知识点的学习的高涨热情，从而引导他们主动参与新课的学习。

3. 利用动画，帮助学生理解物质的微观认识

对于酸、碱、盐溶液为什么能导电的原因，联想金属能导电，结合 Flash 动画可以得出是因为有自由移动的离子。为什么会有自由移动的离子？首先用 Flash 动画演示水分子破坏了阴阳离子间的作用力，并以此引出电离的概念和条件、电离方程式的书写，在此之后我给出了三组练习，每组分别是酸、碱、盐，让学生书写电离方程式，通过观察每组物质电离出的离子总结出酸、碱、盐的定义。Flash 动画演示，学生可以对电解质、非电解质、电解质导电的原因和电解质电离的过程有一个直观印象，帮助学生理解物质的微观变化。另外，通过电离方程式书写练习的过程又总结出酸碱盐的定义也是本节课的成功之处。

4. 循序渐进，引导学生建立和理解概念，突出对概念中关键字、词的理解，加深记忆

在前面我们已经学习了酸、碱、盐在水中能导电是由于能电离出自由移动的离子，这样有了“化合物能电离出自由移动的离子即能导电”的系统性的认识之后，引导学生建立起电解质及非电解质的概念就一气呵成。这时，对概念的理解是概念教学的中心环节，所以要注意采取一切手段帮助学生理解概念的内涵和外延，让学生在理解的基础上掌握概念。因此，要着重剖析概念中关键词语的真实含义。关键字词规定着概念的内涵及使用范围，学生只有对关键词语的真实含义弄清楚了，才会对所学概念有深刻的理解。而在学习“电解质”概念时，“水溶液或熔融状态”“能导电”和“化合物”等关键字词即可勾勒出电解质概念的特征信息，教学过程中若能用语清晰地表述和有序地记忆这些特征，将有助于学生理解概念的内涵和外延。如引导他们通过辨别、提取和概括，即可将“能导电的单质”（如金属单质）、“溶于水形成另一种化合物溶液的物质”（如 SO_2、CO_2、Cl_2 等）之类的干扰因素排除在外，从而较好地掌握哪些化合物是电解质，哪些化合物是非电解质。所以，对于概念课的学习，需要教师根据概念的系统和概念发展的脉络，随着学生知识的积累，引导他们改造、丰富和完善概念的内涵和外延，才能使概念的内涵日益丰富，外延不断精确。

核心素养导向下“实验创新意识”的教学

揭阳市揭东区蓝田中学　倪冰鸿

摘要：为落实“立德树人”的教育根本任务，充分发挥课程在人才培养中的核心作用，高中化学课程标准修订组根据《中国学生发展核心素养（征求意见稿）》和高中化学课程特点，提出包含“宏观辨识与微观探析”“变化观念与平衡思想”“证据推理与模型认识”“实验探究与创新意识”“科学精神和社会责任”等五个要素的高中化学核心素养。在高三的复习过程中，我们一定要契紧这五个要素来展开，做到有的放矢，使课堂更加高效、活泼，让教者轻松、学者开心。本文拟从“实验探究与创新意识”这一学科素养，采取多个角度结合教学实际，谈谈如何在课堂教学中落实新课标理念。

关键词：化学核心素养；化学教学；实验探究；创新意识

实验探究与创新意识的具体表述为：“发现和提出有探究价值的化学问题，能依据探究目的设计并优化实验方案，完成实验操作，能对观察记录的实验信息进行加工并获得结论；能和同学交流实验探究的成果，提出进一步探究或改进实验的设想；能尊重事实和证据，不迷信权威具有独立思考、敢于质疑和批判的创新精神。”在 2017 年高考全国卷Ⅰ化学试题中就体现了这一思想，例如选择题第 9 题以 3 个分子式均为

C_6H_6 的化合物（b）、（d）、（p）展开设问，这三个物质结构是 19 世纪中后期三位化学家提出来的关于苯的三种可能结构。第一个是凯库勒式，它虽然能完美地解释了碳的不饱和度，但是却不能解决苯不能使酸性高锰酸钾溶液褪色这一问题，所以还是存在局限性；第二个结构是 1867 年由杜瓦提出来的具有双环的杜瓦苯，它照样存在着局限性；第三个是 1869 年由拉敦保格提出来的，但是却不能解释苯具有三种二取代物（邻、间、对）这一特征。可以说这三种结构各有千秋，但都不准确，都无法完美解释苯的某些性质。这道题设置的背后，是教育学生尊重物质的性质和证据，不迷信已有的研究成果，要养成敢于质疑、勇于创新的科学精神。在课堂上，我们要有意识地培养学生这一学科素养，例如在讲金属钠的化学性质时，我们不能满足于对课本上那几个考点的认识，而是要经常鼓励学生多提出几个为什么。例如：在试剂瓶中取出金属 Na 的时候，我让学生注意观察：金属钠表面为什么不是银白色的？那一层棕褐色的物质究竟是什么？如何证明你的假设？能不能把 Na 保存在 CCl_4 中？在做金属镁在 CO_2 气体中燃烧的实验时，我适时地让学生举一反三：钠在 CO_2 中燃烧是不是也会生成 Na_2O 和 C？如何证明金属 Li 在 O_2 中燃烧的产物不含 Li_2O_2？等等。学生在思考、讨论、验证过程中“独立思考、敢于质疑和批判的创新精神”受到了潜移默化的熏陶和鼓舞，同时巩固加深了对钠性质的认识。

北京工业大学附中化学特级教师李蓉对高考理综化学试题给予很高的评价：“原创性题目较多，注重全面考查考生能力和综合素质，既有利于选拔具有学科潜能和创新精神的考生，又有利于全面检测考生的化学学科素养。”近几年来考试的题目难度、数量、题型相对稳定，但是考法却有明显的新意。例如 2018 年理综化学选择题一反以往的编排次序，将一道简单的工业流程题放在开篇的第一题，让学生感到突然，但经过认真阅读，却又发现所考查的知识点并没有超出所学范围，所谓起点高落点低。高考题目的创新给我们一个启发，要求我们在教学过程中不能墨守成规，要站得高看得远，要有前瞻性，注重化学与生活、生产实践相结合，多涉猎一些最新研究成果和化学与其他交叉学科的热点问题，引导学生用科学理性的视角分析问题，要发现和提出有探究价值的化学问题，能依据探究目的设计并优化实验方案，完成实验操作，能对观察记录的实验信息进行加工并获得结论。在教学中我们设计了一些简单的探究过程，让学生通过导学案的形式初步了解设计意图和目的，引导学生熟悉探究方案和步骤，培养学生自主协作的精神和勇于创新的精神。具体实验方案设计是：

一、流程思路

（一）明确实验目的

1．根据题意及装置搞清实验原理

学生可以根据课本或者辅导书提供的资料进行预习，了解本实验所制取的物质是哪一种类型，属于易被氧化还是易分解？是易挥发还是易潮解？是易液态还是晶体？是有机物还是无机物？等等，从而确定反应物的选择、反应装置的选取，最后根据产物的状态及性质确定收集装置，若产物不纯还需要相应除杂装置。对于混合气的除杂，要求学生要学会举一反三。例如，在除去Cl_2中混有的HCl时，一般是把混合气体通入饱和食盐水中，这时教师可以适时地提问：如果除去CO_2中混有的HCl又该怎么办？除去SO_2中混有的HCl呢？学生在自主协作、互助探究过程中受到了启发，最终得出了这一类问题的规律，使勇于创新的精神得到培养。

2．弄清装置中各仪器的作用

装置一般可以划分为三部分：原料的净化处理→主要反应→产物提纯及收集。带着这一思路来看，各个装置的用途就一目了然了。例如同样一个烧瓶，放在前部分可以是反应容器，放在中间部分可以是“安全瓶”，放在最后可以是气体收集装置。同样一个长导管，可以是平衡装置内外的气压，也可以是起冷凝回流的作用，在解题过程中要很好地区分。

（二）解答相关问题

新课标对高考的要求越来越高，要求学生会对实验原理进行评价，例如在制取$Al(OH)_3$时可以有多种方法，可以是$Al \rightarrow Al^{3+} \rightarrow Al(OH)_3$，也可以是$Al \rightarrow AlO_2^- \rightarrow Al(OH)_3$，还可以是两者的综合（发生双水解），这就要求学生应该从节约原料的角度进行比较了。当然，比较的角度不止一个，有时还要从是否节能、是否安全可靠、是否环保等方面进行评价。这时，老师可以适时地对学生灌输绿色化学思想，让学生从原料是否安全无毒、价廉易得，反应过程是否无污染，原子利用率是否最高等方面入手，感受一下反应流程的设计要求是多么严格。

二、设计步骤及意义

设计步骤一般是：发现问题→查阅资料→提出猜想→设计方案验证→实验记录→分析数据→得出结论。

广东省名校长工作室主持人李永亮说：“教育的最终目的是激发人的最大潜能。”利用实验方案的设计探究可以让学生在获取知识的同时，心灵得到升华，理解操作能力得到提升，最终落实“立德树人”的教育根本任务。这是因为：

（1）发现问题提出猜想最能检验学生能否“学以致用”——能否“发现和提出有探究价值的化学问题”是关键。教师可以给予适当的提示启发，引导学生朝着教学目标方向进行思考。

（2）查阅资料是在一定的范围内对所提出问题相关信息的查找整合筛选的过程，我们要鼓励学生“尊重事实和证据，不迷信权威”，要“具有独立思考、敢于质疑和批判的创新精神”，敢于提出自己的见解。

（3）设计方案验证过程是学生对所学知识进行综合筛选运用和提升的过程，是学生互助协作、自主探究的过程，是实现质的飞跃的过程，是学生学科素养得到升华的过程；通过实验的探究还能培养学生参与化学问题的社会决策能力。同时，在设计方案时学生的环保意识、绿色化学思想也会得到强化。

（4）分析数据得出结论是“对观察记录的实验信息进行加工并获得结论的过程，在和同学交流实验探究的成果”的同时又能让每一个学生体会到学有所得，从而激发了学生的学习兴趣和学习潜能。

总之，“素”指平时、平常；“养”指历练、修行，积微成著地养功夫。两个字合起来就指明了平时应该做什么事，应该怎么做，最终要达到能够把修炼的结果、精髓印在脑海里，融在血液中，落在行动上，让其成为一种科学的习性，学科的精神。化学核心素养培养导向的教学是体现化学课程价值的必由之路，我们应该转变教学观念，努力学习新的教学理念，以学生核心素养的提升为目标，改革教学方法和手段，创设有利于能力发展的学习和现实情景，以身作则培养学生的化学核心素养。

参考文献：

[1] 陈进前. 核心素养导向下的化学教学 [J]. 中学化学教学参考，2017（1－2）：4.
[2] 林忠銮. 提升化学核心素养的教学过程优化研究 [J]. 中学化学教学参考社 2017（3）：6－7.

基于学科核心素养的化学备考策略

揭阳市揭东区蓝田中学　倪冰鸿

摘要：“核心素养”指学生应具备的适应终身发展和社会发展需要的必备品格和关键能力，突出强调个人修养、社会关爱、家国情怀，更加注重自主发展、合作参与、创新实践。高中化学到底要教给学生什么？本文就高三化学复习过程中如何提升“核心素养”所做的一些尝试简单进行论述。

关键词：核心素养；备考策略；规范要求

教育心理学中的教学目的是“教育过程中施教者与被教育者的心理反应，以及如何利用这样的心理反应来达到人类的教育活动”。在教学过程中，引导学生确定正确思想方向是“立德树人”的首要任务，其次才是知识基本技能的掌握和运用。教学过程要时刻渗透生活、联系实际，而不是简单地灌输课本的知识考点，这样教学的目的变成了培养“考试机器”，这样培养出来的人对社会贡献不大，与指导学生树立终身学习的理念背道而驰。所以，作为一名化学教师，一定要先树立正确的人生观、世界观、价值观，要有正确的教育理念，更要有热忱的家国情怀和较高的个人修养。陶行知先生说：“先生的责任不在教，而在教学生学”，优秀的教师不是在奉献真理，而是在教人发现真理。因此在教学过程中我们要解放思想，改变观念，多站在学生的角度进行换位思考，并创设更多的教学情景，激发他们的求知欲，让每一个学生都能学有所得。

台上十分钟，台下十年功。“要给学生一滴水，教师要有一桶水”，要求学生做到的，自己就要先做得更好。那么如何把教师的角色由知识的传授者转化为学生学习的引领者？对照高中化学核心素养的要求，我们科组主要从以下几个方面入手进行备考。

一、创设备考的良好氛围

1. 没有最好的个人，只有最好的团队

我们备课组的工作一直遵循团队意识，无论是课件制作、学案编写还是试题编制等方面，备课组教师们都通力合作。每一位教师都无私地把自己的教学资料、教学心得拿出来共享，有时候课堂上灵光一闪，一个好的事例、好的解题方法、好的切入方式都可以拿到组会上讨论，变成集体的智慧结晶，提升了科组的理论水平、业务水平。我们非常重视每周至少一次的备课组活动，统一好每周的教学进度。对于下一周将要复习的知识，都会事先确定中心发言人，以说课或讨论的形式做中心发言：对问题的理解、处理方法、所花时间、练习深难度等，大家再集思广益，提出自己的看法，回去再设计符合自己学生和自己教学风格的教学方案。同时我们实行推门听课的制度，听课后进行点评，共同提高。

2. 正确处理资料、考纲、考题三者关系

教材、考纲、真题，一个项目也不能少。教材是高考命题的蓝本，许多试题均源于教材；考纲是高考命题的依据，考题的范围、难度都源于考纲；真题展示了高考的命题趋势，考题的命题方向、形式等都源于真题。因此，我们不能眉毛胡子一把抓，而应回归教材，查缺补漏；对照考纲，防止复习时走偏；研究真题，适应高考命题趋势，可以说课本依然是最重要的复习工具。

同时，我们要善于抓重点、抓规律，抓知识的归纳小结，抓知识点和考点的联系，该记住的知识一定严格要求学生“死记硬背”，该理解和迁移的知识一定要想办法让学生明白和融会贯通。

“守纲不守本”——以实验仪器复习为例。高考试题在实验部分，有时会出现让学生填写某仪器的名称，但是这些仪器在学生实验中很少出现，例如三颈烧瓶、球形冷凝管等，这样导致学生无法得分。基于这种情况，我们备课组会研究化学年报并及时补充、拓展，尽量做到全面涉猎。

3. 教无定法

第一轮复习时间一般从 8 月到次年 3 月初，按照元素化合物→化学实验→基本概念→物质结构、周期表律→化学反应原理→有机化学（或者物质结构）的顺序进行。但实践过程中我们发现学生学习效果不是很好，所以我们科组大胆做了科学的调整。因为高二学生刚刚学完化学反应原理和有机模块，印象还比较深刻，如果趁热打铁先复习有机化学的话就会收到事半功倍的效果，复习的时间也可以大大缩短。所以我们在暑假用一个月的时间就能将有机化学部分复习完，并在以后每月的测试中多次滚动、练习，防止回生，确保有机化学能立于不败之地。在化学基本概念的复习过程中，辅导资料的编排顺序一般是：物质的分类→离子反应→氧化还原反应，但考虑到离子共存的问题很多涉及氧化还原反应原理（例如 Fe^{3+} 与 S^{2-}、Fe^{2+} 与 ClO^- 等），所以我们把氧化还原反应放在离子共存之前进行复习，这样学生理解起来会更加顺畅。又因为电化学其实也是氧化还原反应原理的应用之一，所以我们准备在下一学年尝试再进一步做大胆的调整，把化学反应原理中的电化学提到氧化还原之后，和离子共存一起来复习，相信效果会更明显。

4. 研究高考题，考点烂熟于心

我们从高二上学期就开始就对近五年的全国理综高考化学题反复研究，将考点用不同方式进行对比分析，也参考别人的一些对比和分析研究：考点、载体、问法、标准答案、其他正确答案、学生典型错误、评分细则、反复出现的热点变化情况、今后可能的走向；等等。

全国卷试题是以核心素养为测试宗旨，以真实情境为测试载体，以实际问题为测试任务，以化学知识为解决问题的工具。对试题的研究我们主要从以下几个方面入手：

（1）历年试题整体研究——找共性（热点、考点）。

（2）近年试题重点研究——找趋势。

（3）相同试题对比研究——找变化。

（4）不同试题分类研究——找差别。

（5）外省试题集中研究——找新意、找动态。

除了对全国卷的研究，我们还将目光抛向其他自主命题省份的高考卷，研究它们之间的联系和共性，汲取它们的精髓，把一些题目进行“改头换面”或者“水果拼盘”，编制出接近高考难度的题目来，最后把这些题目集中在高三复习题库里，根据学生反馈情况进行修改、更新、添补。这样，学生用最少的时间得到了最接近高考难度要求的训练，避免了重复，节约了时间，增强了复习的效果。当然这少不了我们科组老师日积月累、通力合作。

二、抓基础、立信心、做表率

通过对高考题的研究，我们知道 2018 年高考理综全国卷（I）化学试题立足化学学科核心素养，突出化学学科特色，彰显立德树人的导向，服务于人才的选拔，突出了对实用性和应用性的考查，无偏题怪题，整体难度适中。这些体现出来的信息给我们的教学提供了理论导向，确立了目标。当前，学生基础普遍差、知识储备少、动手能力薄弱，更不用谈创新设计了。针对这些问题，我们要在夯实基础的同时，树立学生的信心，不断鼓励学生，并且以身作则，当学生的良师益友。

1. 注重双基，分层教学

（1）教学中我不断地向学生渗透一个观点：无论是什么卷，它一定是以化学科的基础知识、基本技能、基本方法为基础，万变不离其宗，我们一定要在一轮复习把基础打好。所以我们很注重一轮复习，绝不留知识死角。当然，对于学生已经知道的，我们会少讲或强调规范；对于学生有能力获取的，我们只做恰当的引导，或点到为止、或注重对比提升；对于学生想知道的，以及高考的热点、前沿科技知识我们会适当拓展延伸，启发学生尝试用已学的知识解决新的问题，并做到举一反三。课堂上，我们注重知识的归纳小结延伸，帮助学生总结出解决问题的规律，把这些内化为能力，并运用于实践中。例如在复习 Cu 与稀 HNO_3的反应时，我问了一个问题：“为什么一开始反应很慢，一段时间后突然又加快了?”学生是做过这个实验的，当时也是一脸茫然，有的学生还说：“老师，因为很慢，所以我们都偷偷加热过呢。”我让学生自己学着运用所学的速率影响因素尝试分析原因。最终得出可能的原因是：①该反应放热，使溶液温度升高了；②生成的 Cu^{2+} 对反应可能有催化的作用。在排查、推理过程中学生热情高涨，感受到了学习的快乐。

（2）一个班的学生基础参差不齐，总有部分学生对化学偏科，平时所发的练习题完成不了。所以对待这些学生，我们采取分层教学的措施，要求他们把精力放在基础题上面，提高选择题的得分率，对于大题力争能够完成前几小问。上课时引导他们对题目要快速阅读，区分有用、无用和重要信息，再把重要信息勾画提取出来。同时，上课多提问这些学生，多留一点时间让他们消化，尽量照顾这些领悟能力较弱的学生，让其感受到老师的关爱。对于基础较好的学生，我们可以附加一些创新的题目让他们独立完成，注重解题思路的引导和语言组织能力的培养，开阔他们的视野，鼓励他们向更高层次发展。

2. 增强信心，鼓励疏导

到了期中考后，部分学生因为努力后效果不是很明显，开始出现惰散的表现。这时候需要我们及时与班主任、学生家长取得联系，多方配合，适时给他们加油鼓劲，增强信心。对个别对象进行约谈、及时进行心理疏导，帮助他们分析现状，树立信心，告诉学生，老师们已做好了充分的研究和准备，目前全国卷难度逐渐降低，对我们这种层次的同学会更有利。

在学习“影响化学反应速率的因素”这一节课时，我问了学生：“既然物质本身性质是影响速率的内因、主因，其他浓度、温度、催化剂等是外因，那么影响我们学习的主因又是什么呢?”学生会心一笑：“是我们自己本身的自觉性。只有自己加倍努力，加上老师这个外因，才能把成绩提上来。”

3. 以身作则，身教言教并重

学生普遍书写潦草，语言组织能力较差，词不达意，从而导致非智力因素的丢分，这一现象十分普遍。鉴于这种情况，教师在课堂上就要注意自己的一言一行，一举一动，身教言教并重。我们的每一个小小的细节或者口误都有可能被学生模仿，从而影响到学生的答题的规范性。例如在讲“影响化学平衡移动因素——压强”的时候，准确的表述应该是“对于一个处于平衡状态的反应来说”，要在“其他条件不变情况下”“对反应容器进行压缩使其体系压强增大”，这时“反应前后气体总体积有变化的反应”才会向气体总体积减小的方向移动。如果简单说“增大压强，平衡将向气体总体积减小的方向移动”，这句话就不是很严谨，虽然在当时的那个情景下是对的，但学生答题时就可能会受到误导。所以上课时我们一定要注意语言的规范。又如在计算平衡常数时，有时候教师为了赶时间就忘记先写表达式，直接代入数据计算，甚至没有把单位也代进去，尽管答案是对的，但是这样就会给学生一个错误的暗示。这样的例子还有很多很多。“桃李不言，下自成蹊”，只有教师自己的语言表达准确了，板书工整了，解题格式规范了，才能给学生起到良好的示范作用。

高中化学核心素养是学生发展核心素养的重要组成部分，是高中生综合素质的具体体现，反映了社会主义核心价值观下化学学科育人的基本要求，全面展现了学生通过课堂学习形成的关键能力和必备品格。“学海无涯，教无止境”，作为一名教师，只有不断加强学习充电，践行社会主义核心价值观，把化学核心素养落到实处，才能维持教学的青春和活力，才能适应当前的教改需要。

第三部分　班级管理

浅谈高中班主任工作中如何融入生命教育

揭阳市揭东区蓝田中学　陈洁曼

摘要：生命教育是德育工作的重要内容之一，能够帮助学生认识生命、尊重生命、热爱生命，它应贯穿学生课堂始末，融入课外活动。如何在工作中融入生命教育，笔者进行了一些思考和探索，如利用好“课堂”这块阵地，播下生命教育的种子；利用好班级板报，呵护生命教育生根、发芽；利用好班会，使生命教育之树茁壮成长等，不断挖掘各种生命教育资源，使生命教育能够真正融入学生的课堂课外生活中。

关键词：高中班主任；生命教育；课堂；课外

生命教育，顾名思义就是有关生命的教育，它不仅包括肯定、珍惜个人自我生命价值，而且包括对生存能力的培养和生命价值的提升，乃至对他人、社会、自然、宇宙生命的互动与伦理关系等大生命的省思。生命教育从作为一种针对青少年吸毒、自杀的教育措施提出到现在已成为一股教育思潮，是21世纪现代教育不可缺少的一环。生命教育在全世界范围内展开，无论是理论还是实践都取得众多成果，但在我国内地生命教育才刚刚起步，相对滞后，尤其是高中生的生命教育面临高考的压力，一直得不到足够的重视。高中生命教育几乎是处于缺位状态，并且，在高考压力下的高中教育漠视、压抑、摧残生命更为严重，高中生漠视、浪费、残害生命的现象也时有耳闻。高中是学生走向成年的最后时期，是生命成长的关键期，他们是祖国的未来和希望，他们生命的质量直接关系到每个家庭的幸福，关系到祖国的前途和命运，关系到中华民族的伟大复兴。因此，在高中阶段加强生命教育，帮助学生认识、热爱、珍惜、尊重生命，帮助学生形成关心他人、热爱生活、与他人和谐共处的处世态度，刻不容缓，也是我们教育工作者不可推卸的责任。

那么，作为高中班主任，应该如何在工作中融入生命教育？本人进行了一些思考和探索，希望和各位同行分享。

一、利用好“课堂”这块阵地，播下生命教育的种子

课堂教学是班主任工作的重中之重，身为化学教师，我们可以以学科教学为载体，在教学中融入生命教育元素，提升学生“认识生命、珍惜生命、热爱生命”的意识，

帮助学生树立正确的生命观，从而在学生心中播下生命教育的种子。

我所采取的做法有如下这些：

1. 在元素化合物教学中引导学生认识生命

教学中可告知学生自然界的一切物质都是由化学元素组成的。如人体就主要是由氧、氢、碳、氮等十几种宏量元素和五十多种微量元素组成的，生命的进化也是由化学无机小分子物质不断进化演变为原始生命的。教学中通过了解生命物质的组成情况，学生更能体验生命物质的存在，这也是理解其他生命教育的基础。提到元素化合物，人们往往会想到有毒的、会污染环境的物质，化学教师可通过对元素化合物的教学，让学生认识到化学物质具有两面性，使用不当会危害健康，甚至危及生命，但如果科学使用则有利于美化生活、改善生命的质量。例如苯酚有毒，却可以杀菌；二氧化硅可以制造光导纤维、电子元件，提高生活质量；等等。要让学生知道化学可为人类提供认识和改造世界的武器。

2. 在实验教学中提高学生珍惜生命的意识

化学实验具有一定的危险性，在实验教学中，可教给学生各种爱护自己的危机处理办法，从而提高他们的自我保护意识和能力，防止伤害事件的发生。如要求学生做好实验预习，牢记实验注意事项，对具有危险性的实验操作动作，要进行示范教学。例如，用试管在酒精灯上加热时，我们教师应反复强调，试管口不可对着自己与他人，防止被暴沸的溶液溅伤；具有毒性和挥发性的液体，要求学生到通风橱中取用，不可私自到实验台上使用；等等。还可教给学生相应的常识和技能，使学生在危险或突发事件面前能够正确应对。如应教会学生在实验室中正确使用灭火器等器材，如何在火灾中逃生，创设生产生活中火灾的情景，让学生应用灭火原理正确进行灭火。可见，通过化学实验，让学生懂得掌握化学物质的特性，正确进行实验操作，不仅可免受特定化学物质的危害，还可利用其改善生命状况，从而激发学生学会有关实验操作，并从中体会到成功的滋味。

3. 在化学史教学中开发学生热爱生命的意识，理解生命的意义

化学史中蕴含着丰富的生命教育资源，教师可充分挖掘并对学生进行教育。如门捷列夫发现元素周期律，体现了生命虽短暂，智慧却是无穷的，从而让学生认识到生命的意义和价值；一生荣获两次诺贝尔奖的居里夫人，将自己发现的元素命名为“钋”来纪念自己的祖国，这可以启发学生思考社会责任感和祖国荣誉感，如何让生命焕发光彩。

4. 在化学相关知识的教学中引领学生爱护生命，提升生命的品质意识

在化学教学中，可以将当今社会出现的某些与化学有关的现象作为生命教育的资源。如化学品泄漏、化工厂爆炸、随意排放化学物质造成环境污染等，这些都可以引发学生思考生命的脆弱性，进而激发学生珍爱生命、保护环境的情感。同时，还可让学生了解日常生活中的一些悲剧，如使用煤气热水器造成死亡事件、新装修房子甲醛中毒事件、误食工业用盐、误用工业酒精的中毒事件，等等，都是由于对化学物质的

不当使用造成的，从而掌握学生合理使用化学物质的常识——这对保护生命而言是十分必要的。再如在学习化学中的平衡时，可举例酒精测定仪中的化学平衡，请几位学生模拟实景，“警方”要求“司机”向一仪器中吹气，如果测定仪中橙红色的物质变为绿色，说明他是酒后驾车。这既可以使学生在轻松愉快的氛围中掌握知识；又可以提醒学生今后要安全驾驶，珍惜自己和他人的生命。

显然，若能将上述资源巧妙有机地结合到教学实际中时，可极大地丰富生命教育的内涵，使生命教育真正融入课堂教学之中，反过来也增加了化学教学的内涵，两者相互促进，相得益彰，让生命教育的种子深深埋入学生心中。

二、利用好班级板报，呵护生命教育生根、发芽

生命教育的最终目的在于“爱惜生命”，为了这一目的的实现，需要长时间营造相应的学习氛围。而班级板报既是学生表达自我诉求的小天地，也是宣传教育理念的好场所，班主任可以根据实际情况，有组织、有计划地利用好班级板报，向学生宣扬生命教育，让学生体会生命无常，珍惜自己，关怀他人；让学生乐于助人，形成良好人际关系；让学生了解生命的意义，感恩惜福；让学生珍惜生命的价值，形成乐观进取的正确人生观。生命教育不是一蹴而就，而是需要一个良好的氛围，持续在学生心中传达教育信息。班级板报是学生课外生活的重要组成部分，以其作为生命教育的载体，能对学生产生潜移默化的影响；更重要的是，班级板报是学生触手可及、举目可视的，也是学生自己参与设计、完成的，有自己的影子，这样的学习氛围才能引起学生兴趣，达到润物细无声的作用，最终使生命教育融入学生心田，春风细雨般在学生心中生根、发芽。

三、利用好班会课，使生命教育之树茁壮成长

班会是学生利用课堂开展活动的方式之一，形式多种多样比较灵活，班主任可以有目的、有针对性地开展主题班会，进行各方面的生命教育，如通过讲故事、讨论社会现象，观看录像，开展竞赛活动等，从中潜移默化地引导，使学生树立正确的人生观、价值观。又如可让学生自己去查阅资料，获知香烟烟雾对环境和人体的危害，组织有关“吸烟有害健康，珍爱生命”的主题班会，让他们当场试验吸烟，揭示吸烟的危害。继而组织学生就吸烟有害健康的宣传提出自己的设想和建议，并展开交流和讨论。让他们在讨论中进一步拓宽自己的视野，认识更加深入也更加透彻，从而多帮助学生抵制烟草的诱惑，养成良好的生活方式和生活习惯，提高生活质量。而学生也能多角度、全方面认识生命的可贵，懂得珍惜生命。此外，在班会活动中，除对学生进行“生命教育”的正面引导外，还可对学生进行挫折教育、失败教育等，这也可以从侧面培养学生的耐挫力、抗击打性，让学生在日常生活中认识到“不经历风雨，怎会见彩虹”，对待万事万物都能“拿得起、放得下”，对失败要有心理准备，对挫折能做到未雨绸缪……只有双管齐下，两手抓，两手都要硬，才能让学生真正掌握生命教育

的内涵，使生命教育之树茁壮成长。

四、利用好课外活动，使生命教育之树枝繁叶茂

丰富多彩的课外活动，能实现学生的全面发展，教师应努力创设条件，鼓励学生积极参与课外活动。学校开展的各类体育比赛、文艺表演、知识竞赛等活动，班主任一定要充分挖掘班里的各方面人才，鼓励学生积极参与，并适时开展生命教育工作，引导学生在积极表现自己之余要注意保护自己，在张扬个性的同时要爱惜生命，让学生尽早认识到生命对于每个人而言是伟大的、也是脆弱的，生命只有一次，生命来之不易，理应好好珍惜，从而使学生更深层次地认识生命的意义。如地处地震活动较活跃地区，可开展“地震知识知多少”的课外活动，教给学生如何在地震中逃生的方法，模拟地震发生时的逃生演练。通过这一途径，让学生感知人类在灾害面前虽然不堪一击，但只要掌握正确的应对措施，是可以将损失降到最低的，从中也能让他们体会生命的可贵，更能懂得如何利用有限的生命做更多对自身、他人、社会有意义的事情来，从而让生命教育之树枝繁叶茂、生生不息。

五、利用好单独谈心，使生命教育之树根深蒂固

在教学过程中，师生交流是必不可少的环节。心灵的对话、情感的交流、人生的指引都是交流的内容。学生的个性是丰富的，每个学生都有自己的独特性，教师应关注生命的个性，创设宽松的氛围，尊重生命平等，拓展沟通交流的时空，及时了解学生内心的想法，多用充满正能量的鼓励和赞扬的话语肯定学生成绩，适时发挥教师主体地位的作用，引领其尊重、珍惜生命。通过每次交流，逐步让学生们真正了解生命的意义，认识到其重要性，从内心接受生命教育，使生命教育在学生心中根深蒂固。

综上所述，生命教育既可以立足于课堂，让学生在学科知识的学习中了解、认识、欣赏、尊重、爱护生命；又可以立足于课外，在班级活动、日常生活中学会热爱生命，珍惜生命，树立乐观进取的人生观。生命教育的实质是什么？就是要在学习生活中把知识的学习与生命教育结合起来，注重引导和教育学生认识生命，尊重生命，热爱生命，懂得生命的意义；就是要努力让学生学会感动，学会珍惜，学会分享；就是要真正实现面向全体学生，为学生全面发展和终身发展奠定基础。这样，我们的学生才能真正成为生活的强者，将来才能担负起振兴中华的艰巨重任。总之，生命教育是一个永恒的主题，也是一个极其漫长和细致的工作，作为高中班主任，应不断挖掘各种生命教育资源，使生命教育能够真正融入学生的课堂课外生活中。

参考文献：

[1] 靳建华．关注生命教育　培养学生健全人格［J］．卫生职业教育，2017，(15)．
[2] 王志高．让化学课堂焕发生命教育的活力［J］．化学教育，2015，(7)．

动力不足，爱心来补——加油，爱心号！

揭阳市揭东区蓝田中学　李洁琼

对于备战高考的学生而言，人脑这部“机器”应该分为两部分，动力部分和学习部分。学习需要动力来启动引擎，如何启动引擎呢？德国教育学家第斯多惠说过：“教学的艺术不在于传授本领，而在于激励、唤醒和鼓励”。

我于2012年9月迎来执教以来的第二批学生。面对农村普通高中学生基础薄弱、学习消极被动、作业马虎应付、学习动力明显不足的实际情况，我的工作陷入了困境。

动力不足，爱心来补。经过深入调查分析，我发现学生普遍缺乏动力、热情去学习的原因，并非不想成为学优生而甘心成绩掉队，大多由于初中基础薄弱，课堂听讲时由于知识点缺漏、理解能力差、知识面窄而导致跟不上老师的思路和速度，甚至不知所云，丧失信心的同学便开始眼神游离甚至打瞌睡，毫无听讲情绪。当我向学生道明他们内心的真实想法后，学生们纷纷点头，瞬间都集中精神聆听着老师的建议：恶补初三化学知识，小到化合价、化学式、化学方程式等，只要是学习中遇到的不懂的都可以来找老师答疑解惑，老师时刻在线，让同学们知道勤能补拙。

16班倪同学和13班陈同学根据中考成绩划分是3B层次的学生，基础薄弱，连化合价都不知为何物，起步显得很艰难，放学拿着课本很害羞地来找我：“老师，我们不知道该怎么学习。”怎么办好呢？我把化合价口诀写给他们：“今晚背下来吧，明天拿初中课本过来，放学来找我。”连续几个星期下午放学，从化合价、元素符号、化学式到化学方程式……我不厌其烦地为他们“补课”。期末考试中，倪同学出乎意料地考了68分，陈同学高一期末考试中虽然只有38分，但高二化学课上提问时总能听到他大声回答出正确的答案，“没事，你课堂上能回答，说明开始有自己的思考，成绩只是暂时的。”陈同学持之以恒地学习和查缺补漏，高三第二学期开学，他自信满满地来找我“老师，我寒假按照您说的限时训练，现在感觉考试比较有底气了。”我感受到他迫不及待地来和我分享学习带给他的喜悦和满足感，不由得幸福感充盈心头。最后，他以理想的成绩考上了广东海洋大学。还有15班的叶同学，大半学期已过，在平时的观察和沟通中，我发现学习情绪依然低迷，缺乏目标，但是一次意外阑尾炎的手术后，叶同学写给我一封信，信上说：“感谢老师一直的关心，我会努力，不会让您失望了。”简短而暖心的一句话，让我对学生付出的真心和关爱蜕变成一把闪闪发光的金钥匙，能开启教育成功的大门，帮助学生们茁壮成长。

鲁迅先生说过“教育植根于爱。”爱，是什么？我终于理解了，爱是尊重每一个学生，满足学生被尊重的需要、被肯定的需要、被关爱的需要，努力克服固执己见、偏激的思维方式，尊重学生个性发展。

对于优等生，不掩饰他们的缺点，积极引导他们扬长改过，激发求知欲，形成良好的学习习惯和方法，以达到“不教”的目的，正如叶圣陶老先生所言：“凡为教者必期于达到不须教。”

对于学困生，善于发现他们身上的闪光点，激励他们一步一步自我完善。2017 年班里黄同学学习成绩落后，上课不注意听讲，作业经常不交，课上、课下纪律不能保证，是典型的学困生。爱因斯坦说：“如果把学生的热情激发出来，那么学校所规定的功课就会被当作一种礼物来领受。”对于这样的孩子如何去激发他的热情呢？如果只是批评、指责，他的自信心肯定会越来越少，甚至还会自暴自弃。通过他身边的朋友，我了解到初中的他学习态度不端正，直至初三第二学期，突然意识到升学的压力，于是开始努力学习，通过一学期的努力总分有了很大幅度的提高，于是，我针对他思维活跃、学习能力强、聪明的特点，鼓励他利用夜修的时间学习落下的课程，建议他向班里成绩较好的同学学习。后来，我发现他坚持每天早上提前到教室学习，并且在月考和期中考中成绩有了一定的提高。在毕业留言本上，我看到他给我的留言：“李老师，我喜欢您带的这个没有差生偏见的班级。”是的，我们班里没有学困生，老师眼里的同学们都是最优秀最可爱的人。

欣赏学优生，“偏爱”学困生，每个学生都是独立的个体，都有自己的闪光点，鼓励其扬长，提醒其补短，爱心、耐心加真心使然。

《国家中长期教育改革和发展规划纲要》（2010—2020 年）在更新人才培养观念中指出：“树立多样化人才观念，尊重个人选择，鼓励个性发展，不拘一格培养人才。树立终身学习观念，为持续发展奠定基础。”在教学中，教师除了引导学生学好科学文化知识以外，还要促使他们德、智、体、美等方面全面发展，要使之具备爱国主义、集体主义精神，并具有相应的基础知识、基本技能和方法，成为有理想、有责任、有能力、形象好的时代青年。如果一味以追求高分的高压态势去培养学生，是有悖于人才观的。瑞士著名教育家皮亚杰说：“所有智力方面的工作都要依赖于兴趣。”这就需要新时代的教师用爱心去引导、去激发学生的兴趣和求知欲，自主地学习，让学习成为一件让人愉悦、欲罢不能的事情。孔子曰：知之者不如好之者，好之者不如乐之者。

以蓝田中学为例谈农村中学激发教师潜能的行动路径选择

揭阳市揭东区蓝田中学　李永亮

摘要：笔者主持的省级教育科研课题“粤东地区农村普通高中教师专业发展潜能激发的行动研究”研究成果显示，激发农村中学教师潜能具有必要性和可能性。本文在此基础上总结出农村中学教师潜能的行动路径选择，如激发教师的职业理想和教育情怀、大胆使用教师以使用促成长、搭建教师施展才华和公平竞争平台、构建提升教育关键能力的机制、坚持教研民主与鼓励创新等经过实践检验证明行之有效的方式，希望能为农村中学的办学提供借鉴样本。

关键词：农村中学；教师潜能；行动路径

一、农村中学教师潜能激发的必要性和可能性

笔者主持的省级课题“粤东地区农村普通高中教师专业发展潜能激发的行动研究”课题组对粤东各农村中学教师问卷调查，较全面地展现农村普通高中教师专业发展现状，让我们看到激发农村中学教师潜能的必要性和可能性。

（一）必要性

1. 教师原始学历偏低，专业能力有局限

教师整体学历层次偏低。有1/3的教师原始学历为大专，还有小部分教师的学历为高中或中专，研究生及以上学历的教师比例极少；偏低的学历层次使教师缺乏必要的坚实的学科专业理论素养，超过80%教师认为原始学历和现有学历对个人专业成长有帮助，这是长期的专业知识积累过程对教师个人专业成长的基础性的影响；同时，现代教学技术也成为短板，56%的教师能简单利用互联网学习，只有39%的教师能较好利用互联网学习，在对多媒体教学技术掌握程度的调查中，“熟练，能够根据教学安排制作课件配合教学”占比38.4%，“比较熟练，能够对已有课件进行适当修改”占比46.5%，大部分教师能够掌握多媒体教学手段，但只停留在修改已有课件的阶段。

2. 教师专业发展进修培训较不主动

关于个人在教育方面的发展，对专业发展是否有一个总体的规划：很详细的有22.3%，而较为模糊的是61.6%，没有的则是16.1%，可以得知农村普通中学的教师对于个人的总体规划是缺乏自主意识。

教师的主要阅读方式是网络和纸质书籍，在电子信息时代，教师阅读方式是网络多于纸质书籍。每年购买的书籍较少，最多阅读1~2种专业教学类报刊。主要阅读内容以教学参考、教育理论、文史哲学类为主。很少去学校的图书馆阅读或借书。

目前参加的培训进修主要是学校或教育主管部门组织的继续教育、培训。大部分教师喜欢的学习的方式是传统的专家讲学、听课评课、讨论交流等，外出学习、自学等仍是少数。参加县级培训及教研方面，过半数的教师每学期参加1~2次，从未参加过县级教研和培训的教师分别占比37.7%、26.8%。其中，57.7%的教师希望多参加县级以上学科教研活动，但57%的教师认为培训进修对专业成长的帮助一般。

3. 教师对教研、科研缺乏动力

调查显示，29.6%的教师在近三年开设过5次以上的各级公开课，26.7%的教师开设过3次公开课，但仍有13.2%的教师从未开设过公开课。数据显示，大部分的教师近三年未公开发表或获奖的论文、教案、反思，参与编写教材或专著的教师比例就更少了，64%的教师只是偶尔写教学反思，20%的教师会比较经常反思，只有4%的教师坚持写教学反思。大多数教师不参加课题研究和各级比赛的原因中前三名分别是个人水平不高、很少有机会、个人懒惰。作为一线教师，日常教学发现的问题很多，

拥有丰富的素材，但最后以书面形式保留下来的却很少，主要问题集中在对自己信心不足，觉得能力有限，心有余而力不足。40%的教师认为开展教科研等活动收获不大，可见教师对参与教研、科研是缺乏动力的，是很被动的。

4. 教师专业成长深受环境因素影响

20%的教师认为考评、竞争的压力也会推动自身发展，19%的教师认为个人的晋升和10%的教师认为学校的关怀支持是对自身成长的鞭策。

农村高中教师最不满意的是教师的收入和教师的社会地位及声望，所以有1/3的教师认为工作的目的是为了谋生，不到1/3的教师认为是为了事业，其次是为了提高个人能力和兴趣所在，真正为了理想而工作的仅占8.1%。既然谋生成为工作的最主要出发点，所以影响当前教师工作状态的因素主要是外在环境。

5. 部分教师职业认同不高

大部分教师对从事教师这一职业表示满意或一般满意，表示非常满意的只占1/10左右，如果可以再一次选择职业的话，有近一半的教师不愿意再选择这一职业。这说明农村普通高中的教师对自己的职业认同还有待提高。真正乐意担任班主任的教师还不到一半，有1/3的教师是被动接受担任班主任工作的，接近1/5的教师是不愿意或很不愿意担任班主任工作的，有部分教师表示是迫于无奈才任教的。

（二）可能性

1. 教师职业承受能力极具韧性

从调查数据可知：粤东地区农村普通高中教师以中青年教师为主体，31～40岁年龄段人数最多；大部分教师的工作量是每周6～15课时，比较适中，有学习、发展的空间。有接近26.7%的教师认为自己的身体很健康，有46.3%的教师认为自己的身体状况一般，有25.1%的教师认为自己有职业病。总体而言，大多数教师身体健康，能胜任本职工作。农村高中教师的心理素质还是挺高的。有80%～90%的教师认为自己的心理很健康或者一般，认为压力可以承受的教师占了一半以上，另外有1/3的教师认为压力较大。压力是有的，但工作的心情还是比较愉快的。

2. 教师较高的职业比较认同，有成就感和自信心

对从事教师这一职业表示非常满意的占1/10左右，大部分教师表示满意或一般满意，11%的教师以教书育人为人生价值目标。能够促使教师从毕业任教至今的主要原因是个人的理想和教师岗位的魅力所在。为了事业、为了提高个人能力、为了兴趣、为了理想而工作的占65%，如果可以再一次选择职业的话，有一半多一点的教师仍然乐意选择这一职业，说明大部分农村普通高中的教师对自己的职业比较认同。31%教师认为对教育的热情是自己成长的内在动力，约占20%的教师认为考评、竞争的压力也会推动自身发展，19%的教师认为个人的晋升和10%的教师认为学校的关怀支持是对自身成长的鞭策。有关尊师重教方面的调查数据，很好和好是36%而一般是50.3%，这不是对其他行业的问卷，是教师的自我感知，数据表明大部分教师是比较

有成就感和自信心的。

3．教师有积极性，有进取心

在平常的备课方式中，“根据学生实际，自己设计”占比46.4%，“广泛参考，博采众长”占比28.9%，采用“集体备课”方式占比15.8%，只有8.9%的教师“基本按教参或网络下载的教案组织教学”，说明只有极少数教师按照现成的教案不加修改来组织教学，大部分教师都能根据实际调整教学思路和方式，并且对教学过程遇到的问题进行了反思和总结，形成积极的反馈，甚至还以“教后记”的形式记录下来。28%的教师期望学校创造学习化环境，23.9%的教师期望学校组织到名校参观访问，20%的教师期望组织教学观摩活动。根据自身需要，教师最期望获得的分别是学科专业知识、教育专业知识、学科教学知识；最想提高的能力是教育管理能力、教育科研能力、课堂教学能力；促进教师专业成长的最有利的形式是教师间的及时交流和外出培训；在农村中学教师看来，最能体现教师专业发展进步和成功的表现是学生获得良好发展、个人修养完善、经济收入提高，这说明大多数农村中学教师对个人成长的价值判断是正确的。66.6%的教师认为自己学科知识不足，10.8%的教师认为自己学科知识严重不足，只有22.7%的教师认为学科知识足够应付教学。这样的数据如属客观评估，对教育显然不利，但是，这是教师个人主观自我评估，如果是敬业的教师，对自己教学业务要求使用较高标准，他们会认为自己还有不足，相反，那些降低标准的，当然就没有不足了，学习的敌人是自己的满足，知不足是可喜的。因此，则那些认为自已学科知识足够应付教学的，未必可靠。从这个意义上说，知不足者或更有进取心。教师们普遍认为应提高学科专业知识能力。73%的教师能通过各种途径经常拓展知识面。有关是否有很强的上进心，喜欢独立思考，不怕困难方面，据调查结果，很符合的是31.1%，较符合的是57.7%，而不符合的只有11.2%，有七成多的教师认为有必要加强师德教育和进行师德考核。

综上所述，农村中学教师整体上是较有积极性、有进取心的，是经得起考验的队伍。

4．绝大部分教师对自身专业潜能的激发持积极态度

自己的专业发展潜力方面，从调查数据显示上看，发展潜力很大的占15.5%，较大的占44%，而较小和没有的占5.6%，总体来说，农村普通中学的教师潜力很大或较大。潜能受激发的程度方面，很充分的占12.4%，比较充分的占39.67%，但一般以及以下的占接近50%，说明农村普通中学的教师还是有一半的潜能没有激发出来。是否能把潜能激发出来方面，很希望和希望的共占84.2%，这是很乐观的数字，也表明农村中学教师对自身专业潜能的激发持积极态度。

二、农村中学教师激发教师潜能行动路径

（一）激发教师的职业理想和教育情怀

留住人才的黄金法则：以事业留人、以感情留人、以待遇留人。至少给我们一个

启示：待遇并非唯一，也不是第一位的。两弹一星、潜艇、计算机等国之重器的成功研制，是中国科技工作者爱国奉献、潜能最大化发挥的典例。支持钱学森、邓稼先、黄旭华等人取得不凡成就的并非待遇福利，而是爱国精神，是使祖国强大的理想和家国情怀。可见，最大化地激发潜能的最根本因素不是福利，而是理想与情怀。

这给学校激发教师潜能路径选择最大的启示：首先要激发教师的职业理想和教育情怀。课题组调查显示，31%教师认为对教育的热情是自己成长的内在动力，也说明这一点。我们一贯重视对全体教师职业理想和教育情怀的培养，为促进我校教师的专业发展，打造幸福和谐师资队伍，特邀广东省人民政府督学、广东省第二师范学院成教院院长熊焰教授来校讲学，为全体教师做“教师教育智慧与专业发展”专题讲座。邀请韩山师院孙悦亮副教授举办“‘为信念而学’与‘教人以信’——教育教学的价值追求”专题讲座；邀请文剑辉教授举办“如何做一个有滋有味的老师”专题讲座；邀请马瑞君教授举办“良好的礼仪修养使你的人生更精彩”专题讲座；等等。这些专家名师讲座，燃起教师们的理想追求，强化了教师热爱学生、热爱教育，诲人不倦，无私奉献的教育情怀。学校还适时对在教书育人，培优转差中业绩突出的教师进行表彰，如培养林丽佳等优秀学生在揭东区高考名列前茅的教师团队、转化“后进生”陈思帆特别突出的班主任、科任教师受到学校奖励，事迹写入学校大事记；学校还组织优秀教师举办讲座，如许俊义教师举办题为《调整心态，做幸福班主任》讲座，让教师之间互相学习，互相鼓励，共同提高教育理想情怀境界，取了良好效果。

（二）大胆使用教师，以使用促成长

激发教师潜能的关键措施在于对教师的合理使用。海尔集团的张瑞敏说，管理的关键在于用人，不要怕没有人才，有好的人才成长机制，人才就会源源不断涌现。同理，合理使用教师会激发其潜能，加速其成长。学校近年来使用教师的做法主要有：第一，推动循环教学，“流水水腐”，教学循环能增强学校教师教学教研活力。学校积极推动高一至高二小循环，高一至高三大循环，目前，小循环达100%，大循达85%以上，多数教师经历高中毕业班教学，使教师完整经历全部高中教材教学，完整系统的学科教学对很多教师是一种挑战，能加速其专业成长，也大大激发了教师的潜能和工作热情。第二，破格使用青年教师，学校有意对青年教师“压”担子，坚决摒弃论资排辈的做法，积极创造条件，使用青年教师，在教学大循环上，大胆启用青年教师，在教学检查聘用评委时，启用青年优秀教师，使青年教师有适度挑战，更能加速其成熟，激发其潜能。第三，允许教师毛遂自荐，学校每年让教师提前对下年度工作安排提出书面申请，在班主任工作、高三教学工作安排上，提出申请的教师只要符合条件则优先安排，保护有进取心教师的工作热情，这有利于激发他们的潜能。用进废退，青年教师得到大胆使用，大大激发其潜能，加快其成长，使学校人才济济，适应高三毕业班教学的优秀人才储备充足。

（三）搭建教师施展才华和公平竞争平台

教师潜能充分发挥需要舞台，学校积极创设平台，为教师提供众多机会。第一，开展竞赛活动，如教学能手大赛、多媒体课件制作大赛、微课制作大赛、现代教学技术示范课等活动，这些教学教研竞赛展开示活动，促使教师投入大量时间，掌握现代技术，研究教学方法，提高课堂艺术，潜能得到深度激发，教学水平达到新高度。第二，让教师开办讲座和汇报交流。我校对教师培训非常重视，多次邀请专家、名家到校举办专题讲座，取得良好效果。近几年来，我校也组织多场由教师主讲的讲座，许俊义、蔡少庞、林挺、余海燕、倪瑞珊等教师先后举行教育教学专题讲座，面向全体领导、教师开讲。每一次讲座活动，他们必定做全最充分准备，准备过程能力水平得到再提升，潜能获得极大激发。推广开来，定期组织教师汇报交流，也会推动教师之间互相借鉴，改进工作方法和工作作风，提高业务水平，潜能得到发挥。第三，创办校刊，在鼓励教师及时总结教育教学经验，参加论文评选、发表的同时，学校创办校刊《蓝璞·教师发展》，将教师获奖论文、发表论文结集发表，这是将教师经验推广的举措，同时，也有利于丰厚我校教育教研文化积淀，一旦形成争先发表氛围，非常有利于教师理论素养的提升和教育科研潜能的激发。

（四）构建提升教育关键能力的机制

1. 校本教研体制创新

（1）科组集体教研。为适应新时代教育现代化的新要求，规范科组教研活动，通过明确职能分工，提高集体教研在基层操作的效能，以和谐的团队教研激发教师潜能、促进教师专业能力发展，以高效集体教研推动教学教改革、提高教学质量，改革科组教研制度，对教研组备课组职能适度分工，教研组侧重发挥科研理论的引领作用，继续发挥教研组在校本教研中的主体作用。备课组侧重发挥贯彻实践的操作职能，继续强化备课组作为学校集体教研的基层单位的作用。每周将定期开展理论学习、业务培训和经验交流。强化集体教研，要求备课组教师在个人独立备课的同时进行集体备课，备课组集体教研强调每周活动的中心发言人认真准备，会上集体研讨，最后成为集体智慧结晶，指导每位教师的教学活动。备课组在优化教师专业生态方面，发挥小组高效的优势，特别是在当前多媒体教学普及过程中，要发挥青年教师的带动作用，对老教师提供有力的帮助。备课组定期组织听评课，每位教师每一节课都向全体教师开放，原则上有听必评。常态化的集体教研交流，促进教师专业能力的成长，激发了教师的教研潜能。

（2）教学检查新方式——“探究—激发”式检查。为适应教育现代化迅猛发展新形势，解决现代化设备条件下教学方式与传统教学检查方式的突出矛盾，解决一线教师在教学现代化设备条件下，教学方式中所应用的教案与现代教学资源的混淆理解和使用中存在的问题，我们决定改革教学检查方式：制定公布了《揭东区蓝田中学“探究—激发”式检查方案》。学校改革的目标要求非常明确，要围绕激发教师潜能，推动教研交流来推进教学检查方式的改革。笔者在《现代教学视域下教学检查方式的新探索》一文中提出了教学检查新方式激发教师潜能的理论：第一，采取教师汇报方式，教师汇报是促进工作最有效的措施，一方面，教师必须实实在在做了，才能言之有物，并且推动教师去多想办法，扎实工作。另一方面，教师汇报会又使教师之间互相启发，互相借鉴，特别优秀的还会起到榜样示范效应，推动敬业奉献风气的形成。第二，面对面交流，旨在使接受检查人员与检查人员之间面对面交流互动，各抒己见，形成共识，破解难题，和谐相处，通过公开、公平、公正的检查新方式使教师潜能得到最大限度的发挥，推动学校教学教研教改经验交流和资源共享，营造互助共生的教学教研新生态。第三，设评委库。学校决定每年聘任骨干教师，组建当学年度教学检查评委库，由行政人员和当年度备课组长组成，并特邀部分优秀教师或外请专家参加。由备课组长担任评委能激发其责任意识，率先垂范意识，推动教学教研工作落到实处，促进教学教研经验交流。实践证明，“探究—激发”式检查是激发教师教学教研潜能的新的有效途径。

2．培训体系化

（1）新教师培训。学校确立新教师培训制度，新分配参加工作的教师必须实行岗前培训，包括对应学科听课评课，班主任跟岗学习，使新教师快速熟悉学校教育教学教研制度，了解校情、学情，优秀教师的指导、示范也会带动其工作热情，激发专业潜能。实行新教师培训制度后，新教师在任职后其教学教育能力的评估结果明显优于以前。

（2）利用值日工作培养新班主任。学校逐渐形成新班主任培训体制，让新教师先进入值日组参加值日管理工作，在值日工作锻炼德育管理能力，成熟后转任班主任工作，新教师参加值日工作，工作范畴属德育管理，检查督查也涉及班级管理的方方面面，有利于及早了解班级工作的基本面，而且，参与值日室处理违规学生也能从有经验的领导、教师身上学到一些教科书没有的“工作艺术”“处理技术”。实际工作的需要和感悟，能更好地激发新教师的德育管理潜能。

（3）校本培训和外出培训。学校重视教师业务培训，以不断提高教师的专业潜能和职业素养。一是学校聘请专家、名师到校举办学术讲座，使全体教师能得到高端培训，开阔了视野。二是大量派出教师外出培训。我们在外派教师时坚持两个原则：敬业的优秀教师优先的原则，能把培训学来的知识技术发扬光大的教师优先的原则。力求把培训的效益最大化，根据这些原则选派教师本身就是一种鼓励和肯定，这使参加培训的教师倍加珍惜学习机会，更加积极参加培训，并积极应用推广。培训成为激发教师潜能的又一重要途径方式。

（五）坚持教研民主与鼓励创新

1．提倡百家争鸣

学校鼓励教学方法、方式多样化，只要有利调动学生主体作用，有利于培养学生学科素养，有利于提高教学质量，各种教学方法、方式都可以并存。不仅提倡不同学科根据学科特点构建有学科特色的教学方法，也提倡同一学科多种风格的教学方式并存，并相互借鉴，相互竞争。这种自由氛围，使教师能自主地发挥其聪明才智，更能激发主动性创造性，更愿意投入研究探索。我校陈细华、罗纯锐、许淑珍、吴一环等教师在现代教学示范课中，把各自的探索成果展示出来，各具特色的现代课堂教学方式均获其他教师的好评。

2．鼓励开拓创新

教育创强、推现以来，农村中学快速实现教学装备现代化，学校抓住机遇，开展多媒体课件制作大赛、微课大赛，使习惯于传统教学的教师接触了解新事物、新技术。为顺应现代化潮流，我们把微课列为教学教研三大项之一，微课成为学校教学质量提升的新增长极。学校派得力干部推进微课项目，组织技术培训、参加各级比赛、开展微课项目研究，使我校微课项目在区域处于领先地位，连续三届在粤东微课大赛中表现突出，教师获顶级奖项，学校获优秀组织奖，特别是第三届粤东微课大赛，我校教师包揽一半以上的奖项，学校受邀在粤东教育信息论坛暨第三届粤东微课大赛颁奖典礼上介绍经验。学校决策的前瞻性，微课项目的挑战性大大激发了青年教师的潜能。

3．鼓励教学科研

强师可兴校，科研能强校，科研可造就强师，农村中学教师开展课题研究，是自我加压、加快自我提升的重要途径。教师教学之余，学习掌握相关学术研究规范，搜集资料，学习理论，调查研究，实践探究，时间精力大量投入，知识视野不断拓宽，潜能更多地激发出来。因此，学校非常重视课题研究，把课题研究作为教研突破口，大兴教育科研之风。学校对于教师课题研究持开放态度，由教师自主选择规划，尊重教师的探索和首创精神，在实验研究上鼓励大胆探索创新，宽容探索性失败。使各课题主持人、各课题组成员的积极性被充分调动起来，一批批课题申报并获得较高水平的科研成果，近年来，我校有国级、省级、市级、区级课题20多个，在区域起着引领示范作用，这背后是教师潜能得到深度开发。

（六）构建公平公正的评价激励机制

1．设英雄花奖

学校设置英雄花奖，表彰教学教育中业绩突出的教师。我们定下评选原则和标准：真正业绩突出的，具有典型性的，能起持久榜样示范作用的。由于高标准、严把关、高规格颁奖并写入学校大事记，英雄花奖在教师心目中的地位远超其他评优选先项目，因此，英雄花奖多年来激励着教师积极进取，推动争取更优业绩。

2．评优选先公平公正

学校每年都要对教师进行年度考核，都推荐一批区以上的先进教师人选，评优选先必须公平公正，才能发挥正能量作用，才能发挥优秀教师、先进教师的榜样示范效应，这样，教师才愿意拼博进取，争创优异业绩。为了遏制评优选先中不按业绩轮流坐庄的不良苗头，我们对评优选先办法进行改革，实行“三三四制”，即行政会、跟组行政人员、科组民主推荐分别占30%、30%、40%的权重，实行既民主又集中，既防止轮流坐庄，又防止拉票操纵，为公平公正产生优秀、先进教师人选提供了制度前提。在实施评议中，行政领导也对公正评优选先产生重要影响，如在一个年度考核会议上，笔者推荐高杜斌老师为年度考核人选，理由是物理教师缺员情况下，他一周上课达18节，任劳任怨，并能做好工作，与会者一致赞同。一位行政人员后来对我说，这一推荐让人感受到了公道正气。由于近几年来评优选先制度的优化，评选相对公正，减少了矛盾，大家能心情舒畅接受评选结果，公正产生巨大威大，激发了教师勇挑重担、争创优异业绩的热情。

3. 构建教师考核评价体系

学校构建《新教师见习期满考核评价方案》《教师专业技术职称申报考核方案》《教师师德考核方案》等。这些评价考核对教师的影响是不言而喻的，第一，使教师有明确的努力方向，更愿意承担教学教育各项业务工作，例如，近年出现了教师踊跃申请担任班主任、担任高三毕业班教学工作的良好局面。第二，使有业绩的教师得到肯定，进一步激发教师的进取精神。近年大批教师积极报名参加学校的现代教学技术示范课活动、参加各级组织的教学设计、论文评选，参加微课比赛、课题研究，进取心和工作热情又进一步激发了教师的专业潜能。

记教学中的趣事

揭阳市揭东区蓝田中学　谢晓秀

此刻，回想起毕业后发生的点点滴滴，我感慨万千。站在小小的三尺讲台上，面对着一个个极富个性的学生，我觉得很幸福，因为这一路有他们伴我走来，给我的生活增添了不少色彩，让我体会到教育的愉快！

事件一

在讲授化学反应速率的计算中，有一道习题，是比较化学反应速率的大小，我在黑板上迅速写出几个选项，刚要讲解，就听得底下有一个怯懦的声音：“老师，B项单位抄错了。”我一看，果然是，由于一时粗心，把mol/（L·s）写成mol/（L·min）了，我马上反应过来，夸奖了这位同学的认真细致，并解释这是老师故意设置的陷阱，大家要向这位同学学习，接下来我顺水推舟，强调比较化学反应速率时要先统一单位，才有可比性。

以后遇到类似的题目，我就问：“比较化学反应速率时要先干嘛?”学生们肯定会异口同声地大声回答：“统一单位。”

据我观察，被我夸奖的那位同学以后上课更加认真了。这件事告诉我，学生是需要表扬的。

事件二

在上《乙醇》这一课时，演示乙醇与金属钠的反应，火焰很小，只有被叫到讲台上的学生才看得到，很没说服力，渐渐地台下的很多学生开始质疑：有火焰吗？老师骗我们吧！我在台上也是干着急，突然，台下冒出一个声音："老师，把火柴放在上面，若能点燃，就证明有火焰了。"我就照做了，果然，火柴刚一放上去，"扑哧"一声就着了！顿时全班同学都向这位同学投去佩服的眼光。我乘机表扬了这位同学的积极思考，并教育学生遇到困难要多想解决的办法。这比单纯的说教要好很多呢！

在另一个班演示乙醇的催化氧化实验时，第二次将铜丝放在酒精灯上灼烧，由于没把铜丝上的乙醇烧干净，就把铜丝再次浸入乙醇溶液中，结果烧杯中的乙醇燃烧起来，面对这突如其来的变故，我一时愣了，但马上告诉自己，要镇定！很快，我想到应对的方法，这时，我问学生"烧杯能直接加热吗？"

"不能。"

"若现在烧杯里的酒精任其燃烧，将有可能使烧杯破裂，引发火灾！请同学们开动脑筋，想想如何灭火？"

由于我的镇定，一些学生一开始的骚动不安很快平息，转而进入思考，过了一会儿，有同学提出用旁边的大烧杯把小烧杯口盖住，隔绝空气，就能灭火。

"说的倒是有理有据，那行不行得通呢？我们来试一下吧。"

果然火一下子就灭了，同学们欢呼雀跃。在这里我被学生闪动的智慧所感动。

事件三

在讲授《甲烷》这一节时，我提前布置学生回家做一个甲烷空间构型的模型，下节课带到班里展示。结果只有几个学生认真完成，其中有一个学生做得相当完美，连各个顶点是什么元素都贴上标签。其他同学看了赞叹不已，我也很受启发和感动。于是我大大地表扬这位同学。以后上课，这位同学别提有多认真了——真让人欣慰！

事件四

某天上午，我正在办公室里批改作业，班里一女生慌慌张张闯入，神神秘秘地向我讲述了她在厕所里经历的"灵异事件"。

当天早上，班里一同学流鼻血，血流不止，她便陪该同学到厕所止血，并随手把止血用的纸巾扔到垃圾桶里，由于恶心，还吐了一口痰，她反复强调就一口痰，结果吓了她一跳，垃圾桶里的纸巾竟然神奇地燃烧起来！难道是灵异事件？抑或纸巾、血、痰会反应？她猜想。可这样的结论想起来挺荒唐的，于是她就跑来问我了。

这真是匪夷所思！接下来，我向她了解了垃圾桶里还有什么东西，她说都被纸巾盖住看不清楚，并反复强调是她吐了痰才燃烧起来的。听了她的述说，我也是丈二和尚摸不着头脑。于是等她情绪安定下来，我告诉她："可能是里面有什么易燃物质，碰巧被你遇到了，你先回去，等我了解清楚再告诉你。"

等学生一走，我就赶紧向其他老师请教，我们把垃圾桶里所有可能易燃的物质都列出来，可总觉得可能性不大。半个小时过后，有一化学科代表进来汇报，早上，做完乙醇和金属钠的演示实验后，她把垃圾扔在女厕所的垃圾桶里。这时，我们恍然大悟，肯定是粘在滤纸上的少量金属钠碎屑搞的鬼，因为钠与水反应放出大量的热，纸巾又是易燃物质，结果就出现了前面的那一幕。

我把这件事记下来，是想下次教育学生，第一点，安全很重要；第二点，要相信科学；第三点，要勤于思考。

事件五

上完必修 2《原电池》的第 1 课时，讲清原电池的工作原理后，我布置学生利用原电池的原理自己设计一个水果电池，并且事先讨论了可以用哪些材料。当然，以我们学校的教学条件来看，是不可能让大多数学生亲自动手的，材料只能自己买或者找，我只是希望有兴趣的学生主动去做，不懂我再加以指导。

课后有几个学生感兴趣，买了橘子和小灯泡，找了些铜线和铁线，就开始组装，结果小灯泡不亮。我清楚地记得那天傍晚吃完晚饭后，他们就兴致勃勃地尝试着。

后来我加入他们的行列，偶尔指导他们查找原因并不断改进，鼓励他们不要气馁。经过反复测试，学生们知道了灯泡要亮，必须有足够大的电流，这跟水果的种类、用电器的功率、电极的材料以及多个原电池的连接方式都有关系。开始只有几个学生参加，后来是十几个学生参加，条件极其简陋，老是遇到障碍，比如多个原电池要怎么连接，通过引导，大家知道了要采用串联，可是串联又是怎么接的呢？问题一连串，我们逐一解决。终于同学们弄懂了，并重新接好，灯泡还是不亮。有些学生逐渐打起退堂鼓，这时，我让学生体会爱迪生、爱因斯坦等科学家做研究的艰辛，他们越挫越勇，因而成就了他们辉煌的一生的故事。鼓励之后，我建议把小灯泡换成发光二极管，现象还是不明显。那就换电极吧，钥匙、硬币轮番上阵，还不行。那么，就换电解质，西红柿、柠檬、苹果、橘子、橙子、洁厕剂，大家能想到的一一用试验，最终发光二极管终于在全班同学面前闪亮起来了！

这份喜悦感染了每一个人，也感动了我。

虽然课后的实验探究花费了很多时间，并且也不是所有学生都参加，但是我觉得比起教师在课堂上纯粹地演示实验，学生可以学得更多，因为这完全是学生自己在思考、在探索，在这过程中学生不仅体会到将知识用来解决实际问题的乐趣，而且也学到新的知识，另外对师生关系的融合也有很大的促进作用。

后来这组串联四个锌铜洁厕精的原电池还被应用在选修 4“原电池”的教学中。由于必修 2 已经学习了单液原电池的构成条件和工作原理，所以课前我布置学生分组设计并自行准备四个串联的锌铜洁厕精的原电池，上选修 4“原电池”时，将单液原电池与双液原电池两者直接通过实验对比，学生很快发现双液原电池能够避免氧化剂与还原剂直接接触，提高电池的效率，产生较为稳定持久的电流。在学生感叹双液原电池的设计巧妙时，我引入原电池的发展史，从 1786 年伽伐尼解剖青蛙的原电池雏形，到1836年丹尼尔设计出第一个实用电池——丹尼尔电池，也即双液原电池，课堂上用了一节课沟通，历史上却将近60年！再次让学生感受科学研究的坚持和不容易。

学生自己准备的导线还可以留着做电解池的实验，用家里的电池、导线、不锈钢汤勺、饱和食盐水等做的电解池，实验现象明显，对于比较少做实验的农村学生来说，学生是感到新奇的，并且将知识转化为学生喜闻乐见的形式更能加深对知识的理解和掌握。在课外实验中学生自己做，发现问题，解决问题，既节省时间又延伸课堂。

说起教学中的这些趣事，就像在沙滩上拣贝壳，一个接着一个，这个让我感动，那个让我深受启发。这些闪现着智慧光芒的贝壳啊，伴随我成长，我将用心收藏，应用在今后的教学上。